Der Nektar der Unterweisung

Andere Werke von His Divine Grace
A.C. Bhaktivedanta Swami Prabhupāda

Bhagavad-gītā wie sie ist
Śrīmad-Bhāgavatam (Canto 1–10.1)
Śrī Caitanya-caritāmṛta
Śrī Īśopaniṣad
Kṛṣṇa – Die Quelle aller Freude
Der Nektar der Hingabe
Die Lehren Śrī Caitanyas
Die Lehren Königin Kuntīs
Die Lehren Śrī Kapilas
Die Schönheit des Selbst
Leben kommt von Leben
Bewußte Freude
Im Angesicht des Todes
Bhakti-Yoga – Der Pfad des spirituellen Lebens
Jenseits von Raum und Zeit
Vollkommene Fragen, vollkommene Antworten
Bhakti – Der Wandel im Herzen

ALLE EHRE SEI ŚRĪ GURU UND GAURĀṄGA

Der Nektar der Unterweisung

Der *Śrī Upadeśāmṛta* von Śrīla Rūpa Gosvāmī,
mit den originalen Sanskritversen,
lateinischer Umschrift, deutschen Synonymen,
Übersetzungen und ausführlichen Erläuterungen

von

His Divine Grace
A. C. Bhaktivedanta Swami Prabhupāda
Gründer-Ācārya der Internationalen Gesellschaft für Krishna-Bewußtsein

Zweite Ausgabe

THE BHAKTIVEDANTA BOOK TRUST

Für weitere Informationen oder Buchbestellungen wenden Sie sich bitte an eine der folgenden Adressen:

DEUTSCHLAND

ISKCON Deutschland-Österreich e.V.
Hauptsitz
„Die Herrenmühle" • Hari Nama Desh
Aarstrasse 8, 65329 Burg Hohenstein
Tel. +49 (0)6120 90 41 07
info@iskcon.de • www.iskcon.de

SCHWEIZ

Sankirtan-Verein
Bergstrasse 54, 8032 Zürich
Tel. +41 (0)44 262 37 90 • Fax +41 (0)55 533 01 85
sa-ve@pamho.net • www.krishna.ch

Übersetzung aus dem Englischen:
Vedavyāsa Dāsa (Christian Jansen)

MIX
Papier aus verantwortungsvollen Quellen
FSC® C006701
www.fsc.org

Dieser Titel ist in allen eBook-Formaten kostenlos auf www.bbtmedia.com/de erhältlich.
Code: **EB16DE93573P**

www.krishna.com
www.bbt.se

ISBN 978-91-7149-755-0

The Nectar of Instruction (German)
Printed in 2013

INHALT

VORWORT

Die Bewegung für Kṛṣṇa-Bewußtsein wird unter der Oberaufsicht Śrīla Rūpa Gosvāmīs geleitet. Die Gauḍīya-Vaiṣṇavas, das heißt die Vaiṣṇavas aus Bengalen, sind größtenteils Nachfolger Śrī Caitanya Mahāprabhus, dessen unmittelbare Schüler die Sechs Gosvāmīs von Vṛndāvana sind. Śrīla Narottama dāsa Ṭhākura sang daher:

rūpa-raghunātha-pade ha-ibe ākuti
kabe hāma bujhaba se yugala-pīriti

„Wenn ich mit Begierde die von den Gosvāmīs hinterlassenen Schriften zu verstehen suche, werde ich imstande sein, den transzendentalen liebevollen Austausch zwischen Rādhā und Kṛṣṇa zu begreifen."

Śrī Caitanya Mahāprabhu erschien, um die menschliche Gesellschaft mit der Wissenschaft von Kṛṣṇa zu segnen. Die erhabensten aller Betätigungen Śrī Kṛṣṇas sind seine Spiele ehelicher Liebe mit den *gopīs*. Śrī Caitanya Mahāprabhu erschien in der Gemütsstimmung Śrīmatī Rādhārāṇīs, der besten *gopī*. Um daher die Sendung Śrī Caitanya Mahāprabhus zu verstehen und seinen Fußspuren zu folgen, muß man sehr ernsthaft in die Fußstapfen der Sechs Gosvāmīs treten: Śrī Rūpa, Sanātana, Bhaṭṭa Raghunātha, Śrī Jīva, Gopāla Bhaṭṭa und Dāsa Raghunātha.

Śrī Rūpa Gosvāmī war das Oberhaupt dieser Gosvāmīs, und er gab uns den *Upadeśāmṛta* (Nektar der Unterweisung), damit wir für unsere Handlungen Richtlinien haben. So wie Śrī Caitanya Mahāprabhu die als *Śikṣāṣṭaka* bekannten acht Verse hinterließ, so gab uns Rūpa Gosvāmī den *Upadeśāmṛta*, damit wir reine Vaiṣṇavas werden können.

In allen spirituellen Dingen ist es die erste Pflicht, den Geist und die Sinne zu beherrschen. Solange wir Geist und Sinne nicht beherrschen, können wir im spirituellen Leben keine Fortschritte machen. Jeder in der materiellen Welt steht unter dem Einfluß der Erscheinungsweisen der Leidenschaft und Unwissenheit. Man muß sich zur Ebene der Tugend, *sattva-guṇa,* erheben, indem man den Unterweisungen Rūpa Gosvāmīs folgt; wie man weitere Fortschritte macht, wird dann offenkundig.

Der Fortschritt im Kṛṣṇa-Bewußtsein hängt von der Haltung des Schülers ab. Ein Schüler der Bewegung für Kṛṣṇa-Bewußtsein soll ein vollkommener *gosvāmī* werden. Vaiṣṇavas sind im allgemeinen als *gosvāmīs* bekannt. In Vṛndāvana trägt der Vorsteher eines jeden Tempels diesen Titel. Wer ein vollkommener Geweihter Kṛṣṇas werden möchte, muß ein *gosvāmī* werden. *Go* bedeutet „Sinne“ und *svāmī* bedeutet „Meister“. Solange man nicht die Sinne und den Geist beherrscht, kann man kein *gosvāmī* werden. Um den höchsten Erfolg im Leben zu erreichen, indem man ein *gosvāmī* und dann ein reiner Gottgeweihter des Herrn wird, muß man den als *Upadeśāmṛta* bekannten Unterweisungen folgen, die uns Śrīla Rūpa Gosvāmī gab. Śrīla Rūpa Gosvāmī hinterließ uns noch viele andere Bücher, wie den *Bhakti-rasāmṛta-sindhu,* den *Vidagdha-mādhava* und den *Lalita-mādhava,* doch der *Upadeśāmṛta* beinhaltet die ersten Unterweisungen für neue Gottgeweihte. Man sollte diesen Unterweisungen sehr streng folgen. Es wird uns dann leichter fallen, unser Leben zum Erfolg zu führen. Hare Kṛṣṇa.

A. C. Bhaktivedanta Swami

20. September 1975
Viśvarūpa-mahotsava
Kṛṣṇa-Balarāma Mandira
Ramaṇa-reti, Vṛndāvana, Indien

Erster Vers

वाचो वेगं मनसः क्रोधवेगं
जिह्वावेगमुदरोपस्थवेगम् ।
एतान् वेगान् यो विषहेत धीरः
सर्वामपीमां पृथिवीं स शिष्यात् ॥

vāco vegaṁ manasaḥ krodha-vegaṁ
jihvā-vegam udaropastha-vegam
etān vegān yo viṣaheta dhīraḥ
sarvām apimāṁ pṛthivīṁ sa śiṣyāt

vācaḥ – der Sprache; *vegam* – Drang; *manasaḥ* – des Geistes; *krodha* – des Zornes; *vegam* – Drang; *jihvā* – der Zunge; *vegam* – Drang; *udara-upastha* – des Magens und der Geschlechtsteile; *vegam* – Drang; *etān* – diese; *vegān* – Dränge; *yaḥ* – wer immer; *viṣaheta* – beherrschen kann; *dhīraḥ* – klar denkend; *sarvām* – überall; *api* – gewiß; *imām* – diese; *pṛthivīm* – Welt; *saḥ* – diese Persönlichkeit; *śiṣyāt* – kann Schüler annehmen.

Wer einen klaren Verstand besitzt und den Drang der Sprache, die Forderungen des Geistes, die Angriffe des Zornes und den Drang der Zunge, des Magens und der Geschlechtsteile zu beherrschen vermag, ist geeignet, auf der ganzen Welt Schüler anzunehmen.

ERLÄUTERUNG: Im *Śrīmad-Bhāgavatam* (6.1.9–10) stellt Parīkṣit Mahārāja dem Śukadeva Gosvāmī eine Reihe intelligenter Fragen. Eine dieser Fragen lautet: „Warum tun Menschen Buße, wenn sie ihre Sinne nicht beherrschen können?“ Ein Dieb mag beispielsweise sehr wohl wissen, daß man ihn für seinen Diebstahl früher oder später verhaften wird, und er mag vielleicht sogar sehen, wie die Polizei einen anderen Dieb abführt, aber trotzdem stiehlt er weiter. Erfahrungen sammelt man durch Hören und Sehen. Ein weniger intelligenter Mensch sammelt Erfahrungen durch Sehen, und jemand, der intelligenter ist, sammelt Erfahrungen durch Hören. Wenn ein intelligenter Mensch aus den Gesetzbüchern, *śāstras* oder Schriften hört, daß Stehlen nicht gut ist, und hört, daß ein Dieb bestraft wird, wenn man ihn festnimmt, begeht er keinen Diebstahl. Ein weniger intelligenter Mensch muß zunächst einmal wegen Diebstahls verhaftet und bestraft werden, um zu lernen, mit dem Stehlen aufzuhören. Ein Halunke oder Narr aber mag sowohl die Erfahrung des Hörens als auch die des Sehens haben, und er mag sogar bestraft werden; trotzdem stiehlt er weiter. Selbst wenn ein solcher Mensch für seine Handlungen büßt und von der Regierung bestraft wird, wird er sogleich nach der Entlassung aus dem Gefängnis erneut einen Diebstahl begehen. Wenn die Bestrafung im Gefängnis als Buße gilt, welchen Nutzen hat dann solche Buße? Parīkṣit Mahārāja fragte also:

dṛṣṭa-śrutābhyāṁ yat pāpaṁ
jānann apy ātmano 'hitam
karoti bhūyo vivaśaḥ
prāyaścittam atho katham

kvacin nivartate 'bhadrāt
kvacic carati tat punaḥ
prāyaścittam atho 'pārthaṁ
manye kuñjara-śaucavat

Er verglich die Buße mit dem Bad eines Elefanten. Der Elefant mag im Fluß ein gründliches Bad nehmen, doch sobald er ans Ufer kommt, sprüht er sich wieder mit Staub ein. Welchen Wert hat also sein Bad? Ähnlich verhält es sich mit vielen Menschen, die sich darin üben, ein spirituelles Leben zu führen. Sie chanten den Hare Kṛṣṇa *mahā-mantra* und tun zur gleichen Zeit viele verbotene Dinge in dem Glauben, ihr Chanten werde ihre Vergehen aufheben. Von den zehn Vergehen, die man beim Chanten der heiligen Namen des Herrn begehen kann, nennt man dieses Vergehen *nāmno balād yasya hi pāpa-buddhiḥ* oder das Begehen sündhafter Handlungen im Vertrauen auf die Kraft des Chantens des Hare Kṛṣṇa *mahā-mantra.* Auch gibt es manche Christen, die zur Kirche gehen, um ihre Sünden zu beichten in dem Glauben, das Beichten ihrer Sünden vor einem Priester und das Ausüben bestimmter Bußen werde sie von den Auswirkungen ihrer wöchentlichen Sünden befreien. Sobald der Samstag vorüber ist und der Sonntag kommt, beginnen sie erneut mit ihren sündhaften Handlungen in der Erwartung, ihnen werde am nächsten Samstag vergeben. Diese Art der *prāyaścitta* oder Buße wird von Parīkṣit Mahārāja, dem intelligentesten König seiner Zeit, verurteilt. Śukadeva Gosvāmī, gleichermaßen intelligent, wie es dem spirituellen Meister Mahārāja Parīkṣits angemessen ist, antwortete dem König und bestätigte, daß seine Feststellung hinsichtlich der Buße richtig sei. Man kann eine sündhafte Handlung nicht durch eine fromme Handlung aufheben. Wirkliche *prāyaścitta* oder Buße ist daher das Erwecken unseres schlummernden Kṛṣṇa-Bewußtseins.

Zu wahrer Buße gehört wahres Wissen, und hierfür gibt es einen festgelegten Vorgang. Wenn man sich regelmäßig an hygienische Grundregeln hält, wird man nicht krank. Es ist die Pflicht des Menschen, sich nach gewissen Grundsätzen schulen zu lassen, um sein ursprüngliches Wissen wiederzubeleben. Ein solch methodisches Leben nennt man *tapasya.* Man kann nach und nach zur Stufe wirklichen Wissens oder des Kṛṣṇa-Bewußtseins erhoben werden, wenn man ein enthaltsames und eheloses Leben führt (*brahmacarya*), den Geist beherrscht, die Sinne beherrscht, seinen Besitz aufgibt, indem man ihn verschenkt, offen und wahrhaftig ist, sich sauber hält und sich in *yoga-āsanas* übt. Wenn man jedoch so glücklich ist, einem reinen Gottgeweihten zu begegnen, läßt man ohne weiteres alle Übungen zur Beherrschung des Geistes durch den mystischen *yoga*-Vorgang hinter sich, indem man einfach die regulierenden Prinzipien des Kṛṣṇa-Bewußtseins befolgt – das heißt keine unzulässigen geschlechtlichen Beziehungen unterhält, kein Fleisch, kein Fisch und keine Eier ißt, keine Rauschmittel zu sich nimmt und kein Glücksspiel betreibt – und indem man sich unter der Anleitung des echten spirituellen Meisters im Dienst des Höchsten Herrn betätigt. Dieser einfache Vorgang wird von Śrīla Rūpa Gosvāmī empfohlen.

Zunächst muß man sein Sprechvermögen beherrschen. Jeder von uns besitzt die Macht der Sprache; sobald sich uns eine Gelegenheit bietet, beginnen wir zu sprechen. Wenn wir nicht über Kṛṣṇa-Bewußtsein sprechen, sprechen wir über allen möglichen Unsinn. Die Kröte auf dem Feld spricht, indem sie quakt, und ebenso möchte jeder sprechen, der eine Zunge hat – selbst wenn all das, was er zu sagen hat, Unsinn ist. Das Quaken der Kröte lädt jedoch nur die Schlange ein: „Bitte komm her und friß mich." Obwohl die Kröte den Tod einlädt, quakt sie trotzdem weiter. Man kann das Gerede materialistischer Menschen und unpersönlicher Māyāvādī-Philosophen mit dem Quaken von Fröschen vergleichen. Sie reden ständig Unsinn und rufen so den Tod herbei, sie zu holen. Die Sprache zu beherrschen bedeutet jedoch nicht, selbstbetrügerisch zu schweigen (der nach außen gerichtete Vorgang des *mauna*), wie die Māyāvādī-Philosophen annehmen. Schweigen mag für eine gewisse Zeit hilfreich erscheinen, doch letztlich erweist es sich als Fehlschlag. Die Bedeutung der beherrschten Sprache, die Śrīla Rūpa Gosvāmī hier übermittelt, befürwortet den positiven Vorgang der *kṛṣṇa-kathā*, das heißt den Gebrauch der Sprache zur Lobpreisung des höchsten Herrn Śrī Kṛṣṇa. Die Zunge kann dann den Namen, die Gestalt, die Eigenschaften und Spiele des Herrn lobpreisen. Wer *kṛṣṇa-kathā* predigt, steht immer außerhalb des Herrschaftsbereiches des Todes. Hierin liegt die Bedeutsamkeit der Beherrschung des Sprechdranges.

Die Ruhelosigkeit oder flackernde Natur des Geistes (*manovega*) wird beherrscht, wenn man den Geist auf die Lotosfüße Kṛṣṇas zu richten vermag. Im *Caitanya-caritāmṛta* (*Madhya* 22.31) heißt es:

kṛṣṇā—sūrya-sama; māyā haya andhakāra
yāhāṅ kṛṣṇa, tāhāṅ nāhi māyāra adhikāra

„Kṛṣṇa ist wie die Sonne und *māyā* wie die Dunkelheit. Wenn die Sonne scheint, kann es keine Dunkelheit geben. Wenn daher Kṛṣṇa im Geist gegenwärtig ist, besteht keine Möglichkeit, daß der Geist durch den Einfluß *māyās* erregt wird."

Die Methode des *yogī*, alle materiellen Gedanken zu verleugnen, wird nicht helfen. Der Versuch, im Geist ein Vakuum zu schaffen, ist künstlich. Das Vakuum wird nicht von Dauer sein. Wenn man jedoch stets an Kṛṣṇa denkt und darüber nachsinnt, wie man Kṛṣṇa am besten dienen kann, wird der Geist auf natürliche Weise beherrscht.

In ähnlicher Weise kann Zorn beherrscht werden. Wir können Zorn nicht völlig abstellen, doch wenn wir nur mit denen zornig werden, die den Herrn oder die Geweihten des Herrn beleidigen, können wir unseren Zorn im Kṛṣṇa-Bewußtsein beherrschen. Śrī Caitanya Mahāprabhu wurde mit den schurkischen Brüdern Jagāi und Mādhāi zornig, die Nityānanda Prabhu beleidigt und verletzt hatten. In Seinem *Śikṣāṣṭaka* (3) schrieb Śrī Caitanya:

tṛṇād api sunīcena
taror api sahiṣṇunā

„Man sollte demütiger sein als das Gras und duldsamer als ein Baum." Es mag sich die Frage stellen, warum der Herr dann zornig wurde. Der entscheidende Punkt ist, daß man bereit sein sollte, alle Beleidigungen der eigenen Person zu dulden, werden jedoch Kṛṣṇa oder Sein reiner Geweihter beleidigt, wird ein echter Gottgeweihter zornig und verhält sich wie Feuer gegenüber dem Übeltäter. *Krodha*, Zorn, kann man nicht abstellen, doch man kann ihn richtig anwenden. Hanumān war voller Zorn, als er Laṅkā in Brand setzte, und trotzdem wird er als der größte Geweihte Śrī Rāmacandras verehrt.

Dies bedeutet, daß er seinen Zorn richtig gebrauchte. Arjuna dient als ein weiteres Beispiel. Er war nicht gewillt zu kämpfen, doch Kṛṣṇa schürte seinen Zorn: „Du mußt kämpfen!" Ohne Zorn zu kämpfen ist nicht möglich. Zorn wird jedoch beherrscht, wenn er im Dienst des Herrn Anwendung findet.

Was den Drang der Zunge betrifft, so wissen wir alle aus Erfahrung, daß die Zunge wohlschmeckende Speisen kosten möchte. Im Allgemeinen sollten wir der Zunge nicht gestatten, nach ihrer Wahl zu essen, sondern wir sollten sie beherrschen, indem wir *prasāda* zu uns nehmen. Es ist die Haltung des Gottgeweihten, nur dann zu essen, wenn Kṛṣṇa ihm *prasāda* gibt. Man sollte *prasāda* zu geregelten Zeiten zu sich nehmen, und nicht in Restaurants oder Süßwarengeschäften essen, nur um die Launen der Zunge oder des Magens zu befriedigen. Wenn wir uns an den Grundsatz halten, nur *prasāda* zu uns zu nehmen, können der Drang des Magens und der Zunge beherrscht werden.

Ebenso kann der Drang der Genitalien, der Geschlechtstrieb, beherrscht werden, wenn er nicht unnötig benutzt wird. Die Genitalien sollten verwendet werden, um ein Kṛṣṇa-bewußtes Kind zu zeugen; andernfalls sollte man sie nicht gebrauchen. Die Bewegung für Kṛṣṇa-Bewußtsein empfiehlt eine Heirat nicht zur Befriedigung der Genitalien, sondern zur Zeugung Kṛṣṇa-bewußter Kinder. Sobald die Kinder ein wenig aufgewachsen sind, werden sie in eine unserer Gurukula-Schulen geschickt, wo man sie dazu erzieht, völlig Kṛṣṇa-bewußte Geweihte zu werden. Viele solche Kṛṣṇa-bewußte Kinder sind nötig, und jemandem, der imstande ist, Kṛṣṇa-bewußte Nachkommen zu zeugen, ist es gestattet, die Genitalien zu benutzen.

Wenn man in den Methoden der Kṛṣṇa-bewußten Beherrschung völlig geübt ist, kann man die Befähigung erwerben, ein echter spiritueller Meister zu sein.

Śrīla Bhaktisiddhānta Sarasvatī Ṭhākura schreibt in seiner *Anuvṛtti*-Erklärung zum *Upadeśāmṛta,* daß unsere materielle Identifikation drei Arten des Dranges schafft – den Drang der Sprache, den Drang oder die Forderungen des Geistes und die Forderungen des Körpers. Wenn ein Lebewesen diesen drei Arten des Dranges zum Opfer fällt, wird sein Leben unheilvoll. Jemanden, der sich darin übt, diesen Forderungen oder Drängen zu widerstehen, nennt man *tapasvī* oder jemand, der sich Entbehrungen auferlegt. Durch solche *tapasya* kann man sich davor schützen, der materiellen Energie, der äußeren Kraft des Höchsten Persönlichen Gottes, zum Opfer zu fallen.

Wenn wir den Drang der Sprache erwähnen, meinen wir damit unnützes Gerede wie das der unpersönlichen Māyāvādī-Philosophen oder von Menschen, die fruchtbringenden Tätigkeiten nachgehen (man nennt diese technisch *karma-kāṇḍa*), oder von materialistischen Menschen, die das Leben einfach uneingeschränkt genießen wollen. All ihr Gerede oder ihre Schriften sind praktische Auswirkungen des Sprechdranges. Viele Menschen reden unsinnig daher und schreiben Bände nutzloser Bücher; alles Folgen des Sprechdranges. Um dieser Neigung entgegenzuwirken, müssen wir unser Sprechen auf Kṛṣṇa umlenken. Dies wird im *Śrīmad-Bhāgavatam* (1.5.10–11) wie folgt erklärt:

na yad vacaś citra-padaṁ harer yaśo
jagat-pavitraṁ pragṛṇīta karhicit
tad vāyasaṁ tīrtham uśanti mānasā
na yatra haṁsā niramanty uśik-kṣayāḥ

„Worte, die nicht die Herrlichkeit des Herrn beschreiben, der als Einziger die Atmosphäre des gesamten Universums zu läutern vermag, sind in den Augen heiliger Menschen Pilgerstätten für Krähen. Da die allvollkommenen Menschen Bewohner des transzendentalen Reiches sind, erfahren sie an solchen Stätten keine Freude."

tad-vāg-visargo janatāgha-viplavo
yasmin prati-ślokam abaddhavaty api
nāmāny anantasya yaśo 'ṅkitāni yat
śṛṇvanti gāyanti gṛṇanti sādhavaḥ

„Auf der anderen Seite ist Literatur, die voller Beschreibungen der transzendentalen Herrlichkeit des Namens, des Ruhms, der Gestalt und der Spiele und so fort des unbegrenzten höchsten Herrn ist, eine andersgeartete Schöpfung voll transzendentaler Worte, die darauf ausgerichtet ist, eine Umwälzung in den gottlosen Leben der Menschen dieser irregeleiteten Zivilisation herbeizuführen. Solch transzendentale Schriften werden, selbst wenn sie nicht ganz einwandfrei verfaßt sind, von geläuterten Menschen, die völlig wahrhaftig sind, gehört, gesungen und angenommen."

Die Schlußfolgerung lautet, daß wir nur dann von nutzlosem, unsinnigem Gerede Abstand nehmen können, wenn wir über den hingebungsvollen Dienst für den Höchsten Persönlichen Gott sprechen. Wir sollen uns stets darum bemühen, unsere Macht der Sprache allein für den Zweck der Verwirklichung des Kṛṣṇa-Bewußtseins zu gebrauchen.

Was die Erregung des flackernden Geistes anbelangt, so ist diese in zwei Unterteilungen gegliedert. Die erste nennt man *avirodhaprīti* oder ungezügelte Anhaftung, und die andere heißt *virodha-yukta-krodha* oder Zorn, der aus Enttäuschung entsteht. Die Hinneigung zur Philosophie der Māyāvādīs, den Glauben an die fruchtbringenden Ergebnisse der *karmavādīs* und den Glauben an die Pläne, die auf materialistischen Wünschen beruhen, nennt man *avirodha-prīti. Jñānīs, karmīs* und materialistische Plänemacher ziehen im Allgemeinen die Aufmerksamkeit der bedingten Seelen auf sich, doch wenn die Materialisten ihre Pläne nicht erfüllen können und ihre Vorhaben scheitern, werden sie zornig. Die Enttäuschung materialistischer Wünsche erzeugt Zorn.

Auch die Forderungen des Körpers können in drei Kategorien gegliedert werden – die Forderungen der Zunge, des Magens und der Geschlechtsteile. Man mag zur Kenntnis nehmen, daß diese drei Sinne physisch in einer geraden Linie angeordnet sind, soweit es den Körper betrifft, und daß die körperlichen Forderungen mit der Zunge beginnen. Wenn man die Forderungen der Zunge zu beherrschen vermag, indem man ihre Tätigkeit auf das Essen von *prasāda* beschränkt, kann der Drang des Magens und der Genitalien von selbst beherrscht werden. In diesem Zusammenhang sagt Śrīla Bhaktivinoda Ṭhākura:

śarira avidyā-jāla, jaḍendriya tāhe kāla,
jīve phele viṣaya-sāgare
tā'ra madhye jihvā ati, lobhamaya sudurmati,
tā'kejetā kaṭhina saṁsāre

kṛṣṇa baḍa dayāmaya, karibāre jihvā jaya,
sva-prasāda-anna dila bhāi
sei annāmṛta khāo, rādhā-kṛṣṇa-guṇa gāo,
preme ḍāka caitanya-nitāi

„O Herr! Der materielle Körper ist eine Masse aus Unwissenheit, und die Sinne sind ein Netzwerk von Pfaden, die zum Tode führen. Irgendwie sind wir in das Meer der materiellen Sinnenfreude gefallen, und von allen Sinnen ist die Zunge am unersättlichsten und unbeherrschtesten. Es ist sehr schwer, in dieser Welt die Zunge zu bezwingen, doch Du, lieber Kṛṣṇa, bist sehr gütig zu uns. Du hast uns dieses schöne *prasāda* gesandt, um uns zu helfen, die Zunge zu besiegen; laßt uns daher dieses *prasāda* zu unserer vollen Befriedigung zu uns nehmen, Ihre Herrlichkeit Śrī Śrī Rādhā und Kṛṣṇa lobpreisen und Śrī Caitanya und Prabhu Nityānanda in Liebe um Beistand bitten."

Es gibt sechs verschiedene *rasas* (Geschmäcker), und wenn man durch einen von diesen in Erregung versetzt wird, gerät man unter die Herrschaft des Dranges der Zunge. Manche Menschen essen gern Fleisch, Fisch, Krabben, Eier und andere Dinge, die durch Samen und Blut erzeugt und in der Form toter Körper gegessen werden. Andere ziehen Gemüse, Salate, Spinat oder Milcherzeugnisse vor, doch immer geht es um die Befriedigung der Forderungen der Zunge. Solches Essen um der Sinnenbefriedigung willen – auch der Gebrauch übermäßiger Mengen von Gewürzen wie Chillie und Tamarinde – muß von Kṛṣṇa-bewußten Personen aufgegeben werden. Der Gebrauch von Betelnüssen in vorbereiteten Betelpfefferblättern, *haritakī,* einfachen Betelnüssen, verschiedenartigen Gewürzen, die bei der Zubereitung von Betelnüssen in Betelpfefferblättern verwendet werden, Tabak, LSD, Marihuana, Opium, Alkohol, Kaffee und Tee, ist dazu bestimmt, unzulässige Bedürfnisse zu befriedigen. Wenn wir uns darin üben können, nur Überreste von Speisen anzunehmen, die Kṛṣṇa geopfert wurden, ist es möglich, dem überwältigenden Einfluß *māyās* zu entkommen. Gemüse, Getreide, Früchte, Milcherzeugnisse und Wasser sind geeignete Speisen, die dem Herrn geopfert werden können, wie Śrī Kṛṣṇa Selbst es vorschreibt. Wenn man jedoch *prasāda* annimmt, nur weil es gut schmeckt und folglich zu viel ißt, fällt man ebenfalls dem Versuch zum Opfer, die Forderungen der Zunge zu befriedigen.

Śrī Caitanya Mahāprabhu lehrte uns, sogar beim Essen von *prasāda* allzu wohlschmeckende Speisen zu vermeiden. Wenn wir der Bildgestalt Gottes im Tempel wohlschmeckende Speisen opfern in der Absicht, selbst solch köstliche Speisen zu essen, verwickeln wir uns ebenfalls in den Versuch, die Forderungen der Zunge zu befriedigen. Auch wenn wir die Einladung eines reichen Mannes mit dem Hintergedanken annehmen, dort mit wohlschmeckenden Speisen bewirtet zu werden, versuchen wir, die Forderungen der Zunge zu befriedigen. Im *Caitanya-caritāmṛta* (*Antya* 6.227) heißt es:

jihvāra lālase yei iti-uti dhāya
śiśnodara-parāyaṇa kṛṣṇa nāhi pāya

„Derjenige, der hierhin und dorthin läuft, um seinen Gaumen zu befriedigen, und der immerzu den Wünschen seines Magens und seiner Geschlechtsteile nachgibt, vermag Kṛṣṇa nicht zu erreichen.“ Wie zuvor gesagt wurde, sind die Zunge, der Magen und die Genitalien in einer geraden Linie angeordnet und sie gehören alle zur gleichen Kategorie. Śrī Caitanya sagte:

bhāla nā khaibe āra bhāla nā paribe

„Kleide dich nicht verschwenderisch und iß keine köstlichen Speisen." (*Cc. Antya* 6.236) Diejenigen, die an Magenkrankheiten leiden, müssen also – zumindest nach dieser Analyse – unfähig sein, den Drang des Magens zu beherrschen. Wenn wir mehr als nötig essen, schaffen wir damit gleichzeitig viele Unbequemlichkeiten im Leben. Wenn wir jedoch an Tagen wie Ekādaśī und Janmaṣṭamī fasten, können wir die Forderungen des Magens verringern. Was den Drang der Geschlechtsteile betrifft, so gibt es zwei Arten des Geschlechtslebens – korrekte und inkorrekte oder erlaubte und unerlaubte Geschlechtsbeziehungen. Wenn ein Mann reif ist, kann er entsprechend den Regeln und Vorschriften der *śāstras* heiraten und seine Genitalien zur Zeugung guter Kinder benutzen. Dies ist gesetzmäßig und religiös. Andernfalls wird er sich vielleicht vieler künstlicher Mittel bedienen, um die Forderungen der Genitalien zu befriedigen, und er wird unter Umständen keinerlei Schranken kennen. Wenn man sich dem unerlaubten Geschlechtsleben ergibt, wie es von den *śāstras* definiert wird, indem man entweder daran denkt, in dieser Hinsicht Pläne schmiedet, darüber spricht oder tatsächlich Geschlechtsverkehr ausübt, oder indem man die Genitalien durch künstliche Mittel befriedigt, ist man in der Gewalt *māyās* gefangen. Diese Unterweisungen betreffen nicht nur Haushälter, sondern auch *tyāgīs* oder diejenigen, die auf der Lebensstufe der Entsagung stehen. In seinem Buch *Prema-vivarta* sagt Śrī Jagadānanda Paṇḍita im Siebten Kapitel:

vairāgī bhāi grāmya-kathā nā śunibe kāne
grāmya-vārtā nā kahibe yabe milibe āne

svapane o nā kara bhāi stri-sambhāṣaṇa
gṛhe strī-chāḍiyā bhāi āsiyācha vana

yadi cāha praṇaya rākhite gaurāṅgera sane
choṭa haridāsera kathā thāke yena mane

bhāla nā khāibe āra bhāla nā paribe
hṛdayete rādhā-kṛṣṇa sarvadā sevibe

„Mein lieber Bruder, du stehst auf der Lebensstufe der Entsagung und solltest nicht Gesprächen über weltliche Dinge zuhören, noch solltest du über weltliche Dinge sprechen, wenn du dich mit anderen triffst. Du solltest nicht einmal in Träumen an Frauen denken. Du bist in den Lebensstand der Entsagung mit einem Gelübde eingetreten, das es dir verbietet, mit Frauen zusammenzusein. Wenn du Gemeinschaft mit Caitanya Mahāprabhu haben möchtest, mußt du dich stets an den Zwischenfall mit Choṭa Haridāsa erinnern und wie er vom Herrn zurückgewiesen wurde. Iß keine überreichen Speisen und kleide dich nicht in feine Gewänder; bleib vielmehr stets demütig und diene Ihrer Herrlichkeit Śrī Śrī Rādhā-Kṛṣṇa im Innersten deines Herzens." Die Schlußfolgerung lautet, daß jemand, der diese sechs Dinge – Sprache, Geist, Zorn, Zunge, Magen und Genitalien – zu beherrschen vermag, *svāmī* oder *gosvāmī* genannt werden muß. *Svāmī* bedeutet „Meister" und *gosvāmī* bedeutet „Meister der *go* oder Sinne". Wenn man in den Lebensstand der Entsagung eintritt, nimmt man damit gleichzeitig den Titel *svāmī* an. Dies bedeutet jedoch nicht, daß man der Meister seiner Familie, seiner Gemeinschaft oder Gesellschaft ist; man muß der Meister seiner Sinne sein. Wenn man nicht der Meister seiner Sinne ist, sollte man nicht *gosvāmī,* sondern *godāsa,* Diener der Sinne, genannt werden. Alle *svāmīs* und *gosvāmīs* sollten den Fußspuren der Sechs Gosvāmīs von Vṛndāvana folgen und sich voll und ganz im transzendentalen liebevollen Dienst des Herrn betätigen. Im Gegensatz dazu beschäftigen sich die *godāsas* im Dienst der Sinne oder im Dienst der materiellen Welt. Sie gehen keiner anderen Tätigkeit nach. Prahlāda Mahārāja beschrieb den *godāsa* als *adānta-go,* womit jemand gemeint ist, dessen Sinne nicht beherrscht sind. Ein *adānta-go* kann kein Diener Kṛṣṇas werden. Im *Śrīmad-Bhāgavatam* (7.5.30) sagte Prahlāda Mahārāja:

matir na kṛṣṇe parataḥ svato vā
mitho 'bhipadyeta gṛha-vratānām

adānta-gobhir viśatāṁ tamisraṁ
punaḥ punaś carvita-carvaṇānām

„Für diejenigen, die sich entschieden haben, ihr Dasein in der materiellen Welt mit dem Ziel der Befriedigung ihrer Sinne fortzusetzen, besteht keine Möglichkeit, Kṛṣṇa-bewußt zu werden – weder durch persönliche Bemühungen noch durch Unterweisungen seitens anderer noch durch gemeinsame Versammlungen. Sie werden von ihren ungezügelten Sinnen in den finstersten Bereich der Unwissenheit gezogen und beschäftigen sich wie irr mit dem, was man ‚das Kauen des bereits Gekauten' nennt."

Zweiter Vers

अत्याहारः प्रयासश्च प्रजल्पो नियमाग्रहः ।
जनसङ्गश्च लौल्यं च षड्भिर्भक्तिर्विनश्यति ॥

atyāhāraḥ prayāsaś ca
prajalpo niyamāgrahaḥ
jana-saṅgaś ca laulyaṁ ca
ṣaḍbhir bhaktir vinaśyati

ati-āhāraḥ – sich überessen oder zu viel ansammeln; *prayāsaḥ* – sich zu sehr bemühen; *ca* – und; *prajalpaḥ* – müßiges Geschwätz; *niyama* – Regeln und Vorschriften; *āgrahaḥ* – zuviel Anhaftung an (oder *agrahaḥ* – zu starke Vernachlässigung von); *jana-saṅgaḥ* – Gemeinschaft mit weltlich gesinnten Menschen; *ca* – und; *laulyam* – brennendes Verlangen oder Gier; *ca* – und; *ṣaḍbhiḥ* – durch diese sechs; *bhaktiḥ* – hingebungsvoller Dienst; *vinaśyati* – wird zerstört.

Der hingebungsvolle Dienst wird verdorben, wenn man sich zu sehr in die folgenden sechs Tätigkeiten verstrickt: (1) Mehr essen als nötig oder mehr Bestände ansammeln, als man braucht; (2) Übermäßiges Bemühen um weltliche Dinge, die sehr schwer zu erreichen sind; (3) Unnötiges Reden über weltliche Dinge; (4) Ausüben der in den Schriften gegebenen Regeln und Vorschriften nur um des Befolgens und nicht um des spirituellen Fortschritts willen oder Mißachten der Regeln und Regulierungen in den Schriften und unabhängiges oder launenhaftes Handeln; (5) Umgang mit weltlich gesinnten Menschen, die kein Interesse

am Kṛṣṇa-Bewußtsein haben und (6) Gierigsein nach weltlichen Errungenschaften.

ERLÄUTERUNG: Das menschliche Leben ist dafür bestimmt, einfach zu leben und hoch zu denken. Da alle bedingten Lebewesen unter der Herrschaft der dritten Energie des Herrn stehen, ist die materielle Welt so geschaffen, daß man zur Arbeit gezwungen ist. Der Höchste Persönliche Gott besitzt drei hauptsächliche Energien oder Kräfte. Die erste nennt man *antaraṅga-śakti* oder innere Kraft. Die zweite heißt *taṭastha-śakti* oder marginale Kraft. Die dritte wird als *bahiraṅga-śakti* oder äußere Kraft bezeichnet. Die Lebewesen bilden die marginale Kraft und befinden sich als solche zwischen der inneren und äußeren Kraft. Da sie als ewige Diener des Höchsten Persönlichen Gottes eine untergeordnete Stellung innehaben, müssen die *jīvātmās* oder winzigen Lebewesen entweder unter der Herrschaft der inneren oder der äußeren Kraft verbleiben. Wenn sie unter der Herrschaft der inneren Kraft stehen, kommt ihre natürliche, wesenseigene Tätigkeit zum Vorschein, nämlich ständige Beschäftigung im hingebungsvollen Dienst des Herrn. In der *Bhagavad-gītā* (9.13) heißt es hierzu:

mahātmānas tu māṁ pārtha
daivīṁ prakṛtim āśritāḥ
bhajanty ananya-manaso
jñātvā bhūtādim avyayam

„O Sohn Pṛthās, diejenigen, die nicht verblendet sind, die großen Seelen, stehen unter dem Schutz der göttlichen Natur. Sie sind vollständig im hingebungsvollen Dienst beschäftigt, da sie Mich als die Höchste Persönlichkeit Gottes kennen, die ursprünglich und unerschöpflich ist."

Das Wort *mahātmā* bezieht sich auf diejenigen, die großherzig sind – nicht auf die Engherzigen. Engherzige Menschen, die ständig mit der Befriedigung ihrer Sinne beschäftigt sind, dehnen ihre Tätigkeiten zuweilen aus, um im Namen eines „Ismus", wie

Nationalismus, Humanismus oder Altruismus, anderen Gutes zu tun. Sie mögen von der Befriedigung ihrer eigenen Sinne Abstand nehmen, um anderen, wie den Mitgliedern der eigenen Familie, ihrer Gemeinschaft oder Gesellschaft – entweder national oder international, die Befriedigung der Sinne zu ermöglichen. Im Grunde ist dies erweiterte Sinnenbefriedigung, die sich vom persönlichen zum gemeinschaftlichen und von dort zum sozialen Bereich ausdehnt. Vom materiellen Standpunkt aus betrachtet mag all dies sehr gut erscheinen, doch solche Tätigkeiten haben keinen spirituellen Wert. Die Grundlage solcher Tätigkeiten ist Sinnenbefriedigung, entweder persönlich oder erweitert. Nur wenn jemand die Sinne des Höchsten Herrn befriedigt, kann man ihn als einen *mahātmā* oder großherzigen Menschen bezeichnen.

In dem oben zitierten Vers aus der *Bhagavad-gītā* beziehen sich die Worte *daivīm prakṛtim* auf die Herrschaft der inneren Kraft oder Freudenkraft des Höchsten Persönlichen Gottes. Diese Freudenkraft ist als Śrīmatī Rādhārāṇī oder ihre Erweiterung Lakṣmī, die Glücksgöttin, manifestiert. Wenn die individuellen *jīva*-Seelen unter der Herrschaft der inneren Energie stehen, ist es ihre einzige Beschäftigung, Kṛṣṇa oder Viṣṇu zufriedenzustellen. Es ist dies die Stellung eines *mahātmā*. Wenn man kein *mahātmā* ist, ist man ein *durātmā* oder ein engherziger Mensch. Solch geistig verkrüppelte *durātmās* werden der Herrschaft der äußeren Energie des Herrn, *mahā-māyā,* unterstellt.

In der Tat unterstehen alle Lebewesen in der materiellen Weit der Herrschaft *mahā-māyās,* deren Aufgabe darin besteht, sie dem Einfluß dreifacher Leiden zu unterwerfen: *adhidaivika-kleśa* (Leiden, die durch die Halbgötter verursacht werden, wie zum Beispiel Dürren, Erdbeben und Stürme), *adhibhautika-kleśa* (Leiden, die durch andere Lebewesen wie Insekten oder Feinde verursacht werden) und *adhyātmika-kleśa* (Leiden, die durch den eigenen Körper und Geist entstehen, wie beispielsweise geistige und physische Gebrechlichkeiten). *Daiva-bhūtātma-hetavaḥ:* Die bedingten Seelen, die unter der Herrschaft der äußeren Energie diesen drei Leiden unterworfen sind, müssen vielfache Schwierigkeiten erdulden.

Das Hauptproblem, dem die bedingten Seelen gegenüberstehen, ist die Wiederholung von Geburt, Alter, Krankheit und Tod. In der materiellen Welt muß man arbeiten, um Körper und Seele zu erhalten, doch wie kann man solche Arbeit in einer Weise ausführen, die für die Ausübung von Kṛṣṇa-Bewußtsein förderlich ist? Jeder benötigt Besitztümer wie Getreide, Kleidung, Geld und andere Dinge, die für die Erhaltung des Körpers unerläßlich sind, doch sollte sich niemand mehr aneignen, als er für die Befriedigung seiner tatsächlichen Grundbedürfnisse benötigt. Wenn man sich an diesen natürlichen Grundsatz hält, werden bei der Erhaltung des Körpers keinerlei Schwierigkeiten auftreten.

Die Natur hat es so eingerichtet, daß Lebewesen, die auf einer unteren Stufe der Evolutionsleiter stehen, nicht mehr essen oder sammeln, als sie brauchen. Folglich gibt es im Tierreich im Allgemeinen keine Wirtschaftsprobleme oder Knappheit an den zum Leben notwendigen Dingen. Wenn man einen Sack Reis an einen öffentlichen Ort stellt, werden die Vögel kommen, ein paar Körner fressen und wegfliegen. Ein Mensch jedoch wird den ganzen Sack fortschaffen. Er wird so viel essen, wie sein Magen zu fassen vermag, und dann versuchen, den Rest als Vorrat zu behalten. Nach den Schriften ist dieses „Mehr-Sammeln-als-nötig" (*atyāhāra*) verboten. Gegenwärtig leidet die ganze Welt aus diesem Grunde.

Mehr zu sammeln und zu essen als nötig führt überdies zu *prayāsa* oder unnötigem Bemühen. Durch Gottes Vorkehrung kann jeder in jedem Teil der Welt friedlich leben, wenn er ein wenig Land und eine Milchkuh besitzt. Es ist für den Menschen nicht nötig, sich von Ort zu Ort zu bewegen, um seinen Lebensunterhalt zu verdienen, denn man kann dort, wo man lebt, Getreide erzeugen und die Milch der Kühe bekommen. So können alle wirtschaftlichen Probleme gelöst werden. Zum Glück ist dem Menschen eine höhere Intelligenz verliehen worden, damit er Kṛṣṇa-Bewußtsein oder das Verständnis von Gott, seine Beziehung zu Ihm und das endgültige Ziel des Lebens, Liebe zu Gott, kultivieren kann. Unglücklicherweise gebraucht der sogenannte zivilisierte Mensch, der sich nicht um Gotteserkenntnis kümmert, seine Intelligenz dazu, mehr zu bekommen, als er braucht, und nur zu essen, um die Zunge zu befriedigen. Durch Gottes Vorkehrung gibt es für Menschen auf der ganzen Weit genügend Möglichkeiten, Milch und Getreide zu erzeugen, doch anstatt ihre höhere Intelligenz zur Kultivierung von Gottesbewußtsein zu benutzen, mißbrauchen sogenannte intelligente Menschen ihre Intelligenz, um zahllose unnötige und unerwünschte Dinge zu erzeugen. Folglich eröffnen sie Fabriken, Schlachthäuser, Bordelle und Spirituosengeschäfte. Wenn man den Menschen rät, nicht zu viele Güter anzusammeln, nicht zu viel zu essen oder unnötig zu arbeiten, um künstliche Annehmlichkeiten zu besitzen, glauben sie, man rate ihnen, zu einer primitiven Lebensweise zurückzukehren. Gewöhnlich lieben es die Menschen nicht, einfach zu leben und hoch zu denken. Das ist ihre unglückselige Lage.

Das menschliche Leben ist für Gotteserkenntnis bestimmt, und der Mensch ist zu diesem Zweck mit höherer Intelligenz ausgestattet worden. Diejenigen, die daran glauben, daß ihre höhere Intelligenz dafür bestimmt ist, eine höhere Stufe zu erreichen, sollten den Unterweisungen der vedischen Schriften folgen. Wenn man solche Unterweisungen von höheren Autoritäten empfängt, kann man sich tatsächlich vollkommenes Wissen aneignen und seinem Leben eine wahre Bedeutung geben.

Im *Śrīmad-Bhāgavatam* (1.2.9) beschreibt Śrī Sūta Gosvāmī den wahren menschlichen *dharma* wie folgt:

dharmasya hy āpavargyasya
nārtho 'rthāyopakalpate
nārthasya dharmaikāntasya
kāmo lābhāya hi smṛtaḥ

„Alle pflichtgemäßen Tätigkeiten [*dharma*] sind zweifellos für endgültige Befreiung bestimmt. Sie sollten niemals ausgeführt werden, um materiellen Gewinn zu erzielen. Darüber hinaus soll jemand, der im endgültigen pflichtgemäßen Dienst [*dharma*] beschäftigt ist, materiellen Gewinn niemals für Sinnenbefriedigung benutzen."

Der erste Schritt zu einer menschlichen Zivilisation besteht darin, pflichtgemäße Tätigkeiten den Anweisungen der Schriften entsprechend auszuführen. Die höhere Intelligenz des Menschen sollte darin geschult werden, grundlegendes *dharma* zu verstehen. In der menschlichen Gesellschaft gibt es vielerlei religiöse Auffassungen, die wir als Hinduismus, Christentum, Islam, Buddhismus und so fort kennen, denn ohne Religion ist die menschliche Gesellschaft nicht besser als die tierische.

Wie oben gesagt wurde (*dharmasya hy āpavargyasya nārtho 'rthāyopakalpate*), ist Religion zur Erlangung von Befreiung gedacht und nicht dazu, Brot zu bekommen. Bisweilen schafft die menschliche Gesellschaft ein System sogenannter Religion, das materiellen Fortschritt zum Ziel hat, doch ist dies vom Zweck wahren *dharmas* weit entfernt. Zur Religion gehört, daß man die Gesetze Gottes versteht, denn das Befolgen dieser Gesetze führt schließlich aus der materiellen Verstrickung heraus. Das ist der wahre Zweck der Religion. Unglückseligerweise üben die Menschen Religion aus, um materiellen Wohlstand zu erreichen, da sie von *atyāhāra* oder einem übermäßgen Verlangen nach solchem Wohlstand getrieben werden. Wahre Religion hingegen weist die Menschen an, mit den einfachsten Lebensnotwendigkeiten zufrieden zu sein, während sie Kṛṣṇa-Bewußtsein kultivieren. Obgleich wir wirtschaftlichen Fortschritt benötigen, gestattet wahre Religion dies nur, um für die Grundbedürfnisse des materiellen Daseins zu sorgen. *Jīvasya tattva-jijñāsā:* „Der wahre Zweck des Lebens besteht darin, Fragen über die Absolute Wahrheit zu stellen." (*SB.* 1.2.10) Wenn unser Bestreben (*prayāsa*) nicht dahin geht, nach der Absoluten Wahrheit zu forschen, werden wir nur unsere Bemühungen zur Befriedigung unserer künstlichen Bedürfnisse steigern. Ein spiritueller Aspirant sollte weltliche Bemühungen vermeiden.

Ein weiteres Hindernis ist *prajalpa,* unnötiges Gerede. Wenn wir mit Freunden zusammenkommen, beginnen wir sogleich, über unnötige Dinge zu sprechen, und gleichen damit quakenden Fröschen. Wenn wir reden müssen, sollten wir über die Bewegung für Kṛṣṇa-Bewußtsein sprechen. Diejenigen, die außerhalb der Bewegung für Kṛṣṇa-Bewußtsein stehen, sind daran interessiert, Berge von Zeitungen, Zeitschriften und Romanen zu lesen, Kreuzworträtsel zu lösen und viele andere unsinnige Dinge zu tun. Auf diese Weise verschwenden die Menschen ihre kostbare Zeit und Energie. In den westlichen Ländern spielen alte Männer, die sich aus dem aktiven Leben zurückgezogen haben, oft Karten, angeln oder sitzen vor dem Fernseher und debattieren über nutzlose sozialpolitische Pläne. All diese und andere sinnlose Tätigkeiten gehören zur *prajalpa*-Kategorie. Intelligente Menschen, die sich für das Kṛṣṇa-Bewußtsein interessieren, sollten niemals an solchen Dingen teilnehmen. *Jana-saṅga* bezieht sich auf die Gemeinschaft mit Menschen, die kein Interesse am Kṛṣṇa-Bewußtsein zeigen. Man sollte solche Gemeinschaft streng vermeiden. Śrīla Narottama dāsa Ṭhākura rät uns daher, nur in der Gemeinschaft Kṛṣṇa-bewußter Gottgeweihter (*bhakta-sane vāsa*) zu leben. Auch soll man sich stets im Dienst des Herrn in der Gemeinschaft der Geweihten des Herrn betätigen. Der Umgang mit Menschen, die in einem ähnlichen Bereich tätig sind wie man selbst, ist für die Förderung solcher Tätigkeiten sehr hilfreich. Folglich bilden materialistische Menschen Gesellschaften und Vereine, um ihre Bemühungen zu verstärken. Zum Beispiel finden wir im Geschäftsleben Einrichtungen wie die Börse und die Handelskammer. In ähnlicher Weise haben wir die *Internationale Gesellschaft* für *Krishna-Bewußtsein* gegründet, um den Menschen Gelegenheit zu bieten, mit denen Gemeinschaft zu pflegen, die Kṛṣṇa nicht vergessen haben. Diese spirituelle Gemeinschaft, die von unserer ISKCON-Bewegung angeboten wird, wächst Tag für Tag. Viele Menschen aus allen Teilen der Welt schließen sich dieser Gesellschaft an, um ihr schlummerndes Kṛṣṇa-Bewußtsein zu erwecken.

Śrīla Bhaktisiddhānta Sarasvatī Ṭhākura schreibt in seinem *Anuvṛtti*-Kommentar, daß eine zu große Anstrengung seitens der gedanklichen Spekulanten oder trockenen Philosophen, Wissen zu erwerben, ebenfalls in die Kategorie des *atyāhāra* (mehr als nötig anzusammeln) fällt. Im *Śrīmad-Bhāgavatam* heißt es, daß die Bemühung philosophischer Spekulanten, Bände von Büchern über trokkene Philosophie ohne Kṛṣṇa-Bewußtsein zu schreiben, ein völliger Fehlschlag ist. Die Arbeit von *karmīs,* die Bände von Büchern über wirtschaftliche Entwicklung schreiben, fällt ebenfalls in diese Kategorie des *atyāhāra.* Auch diejenigen, die kein Verlangen nach Kṛṣṇa-Bewußtsein haben, sondern nur daran interessiert sind, mehr und mehr materielle Dinge zu besitzen – entweder in Form wissenschaftlichen Wissens oder geldlicher Gewinne, unterstehen alle der Herrschaft des *atyāhāra.*

Karmīs arbeiten, nur um für zukünftige Generationen mehr und mehr Geld anzuhäufen, denn sie kennen nicht ihre eigene zukünftige Stellung. Nur daran interessiert, mehr und mehr Geld für ihre Söhne und Enkel anzuhäufen, wissen solch törichte Menschen nicht einmal, welche Stellung sie im nächsten Leben einnehmen werden. Es gibt viele Beispiele, die diesen Punkt verdeutlichen. Einst häufte ein bedeutender *karmī* ein riesiges Vermögen für seine Söhne und Enkel an, doch später wurde er seinem *karma* gemäß im Hause eines Schusters geboren, der in der Nähe des Gebäudes wohnte, das der *karmī* in seinem vorangegangenen Leben für seine Kinder errichtet hatte. Es geschah nun, daß die früheren Söhne und Enkel dieses *karmī,* der jetzt ein Schuster war, mit Schuhen nach ihm schlugen, wenn er zu seinem früheren Haus kam. Solange die *karmīs* und *jñānīs* kein Interesse am Kṛṣṇa-Bewußtsein zeigen, werden sie einfach weiter ihr Leben mit fruchtlosen Tätigkeiten verschwenden.

Einige der in den Schriften niedergelegten Regeln und Regulierungen anzunehmen, um einen sofortigen Nutzen zu gewinnen, wie es die Utilitarier befürworten, wird als *niyama-āgraha* bezeichnet, und die Mißachtung der Regeln und Vorschriften der *śāstras,* die für spirituelle Entwicklung bestimmt sind, nennt man *niyama-āgraha.* Das Wort *āgraha* bedeutet „begierig sein, etwas anzunehmen" und *agraha* bedeutet „das Versäumnis, etwas anzunehmen". Wenn eines dieser beiden Wörter mit dem Wort *niyama* (Regeln und Vorschriften) verbunden wird, entsteht das Wort *niyamāgraha. Niyamāgraha* trägt daher eine zweifache Bedeutung, die sich nach der jeweiligen Wortverbindung richtet. Diejenigen, die daran interessiert sind, Kṛṣṇa-Bewußtsein zu entwickeln, sollten Regeln und Vorschriften nicht um wirtschaftlichen Fortschritts willen annehmen; vielmehr sollten sie den Regeln und Regulierungen der Schriften vertrauensvoll folgen, um Fortschritte im Kṛṣṇa-Bewußtsein zu machen. Sie sollten sich streng an die regulierenden Prinzipien halten, indem sie unerlaubte Geschlechtsbeziehungen, das Essen von Fleisch, Glücksspiel und Berauschung vermeiden.

Auch sollte man die Gemeinschaft der Māyāvādīs meiden, die doch nur die Vaiṣṇavas (Gottgeweihten) beleidigen. *Bhukti-kāmīs,* die an materiellem Glück interessiert sind, *mukti-kāmīs,* die nach Befreiung durch Verschmelzung mit der Existenz des formlosen Absoluten (Brahman) streben, und *siddhi-kāmīs,* die den Wunsch haben, die Vollkommenheit der mystischen *yoga*-Übungen zu erreichen, werden als *atyāhārīs* eingestuft. Der Umgang mit solchen Menschen ist nicht im Geringsten wünschenswert.

Die Wünsche, den Geist durch die Vervollkommnung mystischen *yogas* zu erweitern, mit dem Dasein des Brahman zu verschmelzen oder außergewöhnlichen materiellen Wohlstand zu erreichen, gehören alle zur Kategorie der Gier (*laulya*). Alle Versuche, solch materielle Gewinne oder sogenannten spirituellen Fortschritt zu erwerben, sind Hindernisse auf dem Pfad des Kṛṣṇa-Bewußtseins.

Die moderne Kriegsführung zwischen den Kapitalisten und Kommunisten hat ihre Ursache darin, daß sie dem Rat Śrīla Rūpa Gosvāmīs hinsichtlich des *atyāhāra* keine Beachtung schenken. Moderne Kapitalisten häufen mehr Reichtum an, als sie brauchen, und die Kommunisten, die sie um ihren Wohlstand beneiden, wollen allen Reichtum und Besitz verstaatlichen. Unglücklicherweise wissen die Kommunisten nicht, wie das Problem des Reichtums und seiner Verteilung zu lösen ist. Folglich ergibt sich keine Lösung, wenn der Reichtum der Kapitalisten in die Hände der Kommunisten fällt. Im Gegensatz zu diesen beiden Philosophien besagt die Kṛṣṇa-bewußte Ideologie, daß aller Reichtum Kṛṣṇa gehört. Solange daher nicht aller Reichtum unter Kṛṣṇas Verwaltung kommt, kann es für die wirtschaftlichen Probleme der Menschheit keine Lösung geben. Es nützt nichts, den Reichtum in die Hände der Kommunisten oder Kapitalisten zu legen. Wenn ein Hundertdollarschein auf der Straße liegt, mag ihn jemand aufheben und in seine Tasche stecken. Ein solcher Mensch ist nicht ehrlich. Ein anderer Mann mag das Geld sehen und den Entschluß fassen, es dort liegen zu lassen, mit dem Gedanken, daß er das Eigentum eines anderen nicht berühren dürfe. Obwohl dieser zweite Mann das Geld nicht für seine eigenen Zwecke stiehlt, ist er sich des richtigen Gebrauchs nicht bewußt. Ein Dritter, der den Hundertdollarschein sieht, mag ihn aufheben, den Mann ausfindig machen, der ihn verloren hat, und ihm das Geld zurückgeben. Dieser Mann stiehlt das Geld nicht, um es für sich selbst auszugeben, noch vernachlässigt er es und läßt es auf der Straße liegen. Indem er es nimmt und dem Mann zurückgibt, der es verloren hat, ist dieser Mann sowohl ehrlich als auch weise.

Einfach nur den Reichtum von den Kapitalisten auf die Kommunisten zu übertragen, kann das Problem der modernen Politik nicht lösen, denn es hat sich gezeigt, daß auch ein Kommunist, der Geld bekommt, es für seine eigene Sinnenbefriedgung benutzt. Der Reichtum der Welt gehört im Grunde Kṛṣṇa, und jedem Lebewesen, ob Mensch oder Tier, steht das Geburtsrecht zu, Gottes Eigentum für seinen Unterhalt zu gebrauchen. Wenn man mehr nimmt, als der eigene Unterhalt erfordert – sei man nun Kapitalist oder Kommunist, ist man ein Dieb und unterliegt als solcher der Bestrafung durch die Gesetze der Natur.

Der Reichtum der Welt sollte zum Wohl aller Lebewesen verwendet werden, denn so sieht es der Plan von Mutter Natur vor.

His Divine Grace A. C. Bhaktivedanta Swami Prabhupāda

Gründer-Ācārya der Internationalen Gesellschaft für Krishna-Bewußtsein

Der Rādhā-Govinda Tempel in Vṛndāvana, Indien, den Śrīla Rūpa Gosvāmī im 16. Jahrhundert errichten ließ. Als der tyrannische Moghul Aurangzeb diesen Teil des Landes eroberte, zerstörte er die vier obersten Stockwerke aus Neid über die Erhabenheit des Tempels.

Śrī Śrī Rādhā-Govindajī, die geliebten Bildgestalten Śrīla Rūpa Gosvāmīs. Während der Eroberungszüge Aurangzebs wurden Sie nach Jaipur, Indien, gebracht, wo sie noch heute täglich in einem Tempel verehrt werden.

Śrīla Rūpa Gosvāmī, der Autor des *Śrī Upadeśāmṛta* und zahlreicher weiterer Bücher der Vaiṣṇava-Philosophie. Er ist der Hauptschüler Śrī Caitanya Mahāprabhus, des Pioniers der mächtigen *saṅkīrtana*-Bewegung, die vor fünfhundert Jahren in Indien begann. (S. 49)

Die Macht des Chantens der heiligen Namen Kṛṣṇas wurde von Śrī Caitanya Mahāprabhu Selbst bewiesen, als Er durch den Wald von Jhārikhaṇḍa zog. Damals legten die Tiger, Schlangen, Rehe und alle anderen Tiere ihre natürliche Feindschaft und ihre Furcht ab und begannen, im *saṅkīrtana* zu chanten und zu tanzen. (S. 43)

„Kṛṣṇa wird mit dem Sonnenlicht verglichen und *māyā* mit der Dunkelheit. Wo immer das Sonnenlicht hinfällt, kann es keine Dunkelheit geben. Sobald man sich dem Kṛṣṇa-Bewußtsein zuwendet, wird die Dunkelheit der Täuschung, der Einfluß der äußeren Energie, augenblicklich verschwinden." (S. 72)

Niemand kann die Gesinnung Śrīmatī Rādhārāṇīs, der höchsten Geliebten Śrī Kṛṣṇas, begreifen. Śrī Kṛṣṇa nahm deshalb Ihre Gemütsstimmung an und erschien als Śrī Caitanya Mahāprabhu, nur um Ihre transzendentalen Empfindungen zu verstehen. Er offenbarte diese vertrauliche Wahrheit Seinem reinen Geweihten Rāmānanda Rāya, dem Gouverneur von Madras. (S. 89)

Śrī Rādhā-kuṇḍa, der Badeteich Śrīmatī Rādhārāṇīs, liegt im Distrikt von Mathurā im nördlichen Teil Indiens. Er ist überaus erhaben, denn Śrīmatī Rādhārāṇī ist die höchste Geliebte Śrī Kṛṣṇas. Von allen *gopīs* liebt Er Sie am meisten. In ähnlicher Weise ist Ihr Badeteich, Śrī Rādhā-kuṇḍa, Kṛṣṇa so lieb wie Rādhā selbst. (S. 91)

Jeder hat das Recht zu leben, indem er vom Reichtum des Herrn Gebrauch macht. Wenn die Menschen die Kunst erlernen, das Eigentum des Herrn wissenschaftlich zu nutzen, werden sie nicht länger in die Rechte ihrer Mitgeschöpfe eingreifen. Dann kann eine vorbildliche Gesellschaft geschaffen werden. Das Grundprinzip für eine solche spirituelle Gesellschaft wird im Ersten Mantra der *Śrī Īśopaniṣad* festgelegt:

īśāvāsyam idam sarvaṁ
yat kiñca jagatyāṁ jagat
tena tyaktena bhuñjīthā
mā gṛdhaḥ kasya svid dhanam

„Der Herr beherrscht und besitzt alles Belebte und Unbelebte im Universum. Der Mensch sollte sich daher mit dem begnügen, was er wirklich braucht und was als sein Anteil vorgesehen ist. Nach anderen Dingen sollte er nicht trachten, weiß er doch, wem sie gehören!"

Kṛṣṇa-bewußte Gottgeweihte wissen sehr wohl, daß die materielle Welt durch die vollständige Vorkehrung des Herrn so gestaltet ist, daß die Lebensnotwendigkeiten aller Lebewesen erfüllt werden, ohne daß diese in das Leben oder die Rechte anderer eingreifen müssen. Diese vollständige Vorkehrung sieht für jeden seinen wirklichen Bedürfnissen entsprechend den angemessenen Anteil an Reichtum vor, und so kann jeder nach dem Grundsatz des einfachen Lebens und hohen Denkens in Frieden leben. Unglücklicherweise mißbrauchen Materialisten, die weder an den Plan Gottes glauben noch nach höherer spiritueller Entwicklung streben, ihre gottgegebene Intelligenz, nur um ihre materiellen Besitztümer zu vermehren. Sie entwerfen viele Systeme – wie beispielsweise Kapitalismus und materialistischen Kommunismus –, um ihre materiellen Umstände zu verbessern. Sie zeigen kein Interesse an den Gesetzen Gottes oder einem höheren Ziel. Stets begierig, ihre grenzenlosen Wünsche nach Sinnenbefriedigung zu erfüllen, zeichnen sie sich durch die Fähigkeit aus, ihre Mitgeschöpfe auszubeuten.

Wenn die menschliche Gesellschaft diese von Śrīla Rūpa Gosvāmī aufgeführten elementaren Fehler (*atyāhāra* und so fort) aufgibt, wird alle Feindseligkeit zwischen Menschen und Tieren, Kapitalisten und Kommunisten und so weiter aufhören. Hinzu kommt, daß alle Probleme wirtschaftlicher oder politischer Unausgeglichenheit und Instabilität gelöst sein werden. Dieses reine Bewußtsein wird durch die geeignete spirituelle Erziehung und Übung erweckt, die von der Bewegung für Kṛṣṇa-Bewußtsein in wissenschaftlicher Form angeboten wird.

Die Bewegung für Kṛṣṇa-Bewußtsein offeriert eine spirituelle Gemeinschaft, die einen friedlichen Zustand auf der Welt herbeiführen kann. Jeder intelligente Mensch sollte sein Bewußtsein läutern und sich von den oben erwähnten sechs Hindernissen im hingebungsvollen Dienst befreien, indem er mit ganzem Herzen bei der Bewegung für Kṛṣṇa-Bewußtsein Schutz sucht.

Dritter Vers

उत्साहान्निश्चयाद्धैर्यात्तत्तत्कर्मप्रवर्तनात् ।
सङ्गत्यागात्सतो वृत्तेः षड्भिर्भक्तिः प्रसिध्यति ॥

utsāhān niścayād dhariyāt
tat-tat-karma-pravartanāt
saṅga-tyāgāt sato vṛtteḥ
ṣaḍbhir bhaktiḥ prasidhyati

utsāhāt – durch Begeisterung; *niścayāt* – durch Vertrauen; *dhairyāt* – durch Geduld; *tat-tat-karma* – vielfache Tätigkeiten, die für hingebungsvollen Dienst förderlich sind; *pravartanāt* – durch Ausführen; *saṅga-tyāgāt* – indem man die Gemeinschaft Nichtgottgeweihter aufgibt; *satah* – der großen vorangegangenen *ācāryas*; *vṛtteḥ* – indem man ihren Fußspuren folgt; *ṣaḍbhiḥ* – durch diese sechs; *bhaktiḥ* – hingebungsvoller Dienst; *prasidhyati* – schreitet fort oder wird erfolgreich.

Es gibt sechs Grundsätze, die die Ausführung reinen hingebungsvollen Dienstes fördern: (1) Begeistertsein, (2) Sichbemühen mit Vertrauen, (3) Geduldigsein, (4) Handeln nach regulierenden Prinzipien (wie beispielsweise śravaṇam kīrtanaṁ viṣṇoḥ smaraṇam – über Kṛṣṇa hören und chanten und sich an Ihn erinnern), (5) Aufgeben der Gemeinschaft Nichtgottgeweihter und (6) Folgen in den Fußspuren vorangegangener ācāryas. Diese sechs Prinzipien gewährleisten unzweifelhaft den vollen Erfolg in reinem hingebungsvollen Dienst.

ERLÄUTERUNG: Hingebungsvoller Dienst ist keine Sache sentimentaler Spekulation oder eingebildeter Ekstase. Seine Substanz ist praktische Tätigkeit. Śrīla Rūpa Gosvāmī definiert in seinem *Bhakti-rasāmṛta-sindhu* (1.1.11) hingebungsvollen Dienst wie folgt:

anyābhilāṣitā-śūnyaṁ
jñāna-karmādy-anāvṛtam
ānukūlyena kṛṣṇanu-
śīlanaṁ bhaktir uttamā

„*Uttamā bhakti* oder reine Hingabe an den Höchsten Persönlichen Gott, Śrī Kṛṣṇa, bedeutet, hingebungsvollen Dienst zu leisten, der das Wohl des Herrn zum Ziel hat. Dieser hingebungsvolle Dienst sollte von jedem fremden Motiv frei sein und ohne fruchtbringendes *karma,* unpersönliches *jñāna* und andere selbstische Wünsche ausgeführt werden."

Bhakti ist eine Art von Kultivierung. Sobald wir von Kultivierung sprechen, müssen wir uns auf Tätigkeit beziehen. Kultivierung von Spiritualität bedeutet nicht, müßig dazusitzen, um sich in sogenannter Meditation zu üben, wie manche Pseudo-*yogīs* lehren. Solch müßige Meditation mag für diejenigen gut sein, die keine Kenntnis vom hingebungsvollen Dienst haben, und aus diesem Grunde wird solche Meditation bisweilen empfohlen, um ablenkenden materialistischen Tätigkeiten vorzubeugen. Meditation bedeutet, alle unsinnigen Tätigkeiten, zumindest vorübergehend, einzustellen.

Hingebungsvoller Dienst beendet jedoch nicht nur alle unsinnigen weltlichen Tätigkeiten, sondern beschäftigt uns auch in bedeutungsvollen hingebungsvollen Aktivitäten. Śrī Prahlāda Mahārāja empfiehlt:

śravaṇaṁ kīrtanaṁ viṣṇoḥ
smaraṇaṁ pāda-sevanam
arcanaṁ vandanaṁ dāsyaṁ
sakhyam ātma-nivedanam
(*SB.* 7.5.23)

Die neun Vorgänge des hingebungsvollen Dienstes lauten:

1. Über den Namen und die Herrlichkeit des Höchsten Persönlichen Gottes hören
2. Über seine Herrlichkeit chanten
3. Sich an den Herrn erinnern
4. Den Füßen des Herrn dienen
5. Die Bildgestalt Gottes im Tempel verehren
6. Dem Herrn Ehrerbietungen erweisen
7. Als der Diener des Herrn handeln
8. Mit dem Herrn Freundschaft schließen
9. Sich völlig dem Herrn ergeben

Śravaṇaṁ oder Hören ist der erste Schritt, transzendentales Wissen zu erwerben. Man sollte keinem unautorisierten Menschen Gehör schenken, sondern sich, wie es in der *Bhagavad-gītā* (4.34) empfohlen wird, an die richtige Person wenden:

tad viddhi praṇipātena
paripraśnena sevayā
upadekṣyanti te jñānaṁ
jñāninas tattva-darśinaḥ

„Versuche die Wahrheit zu erfahren, indem du dich an einen spirituellen Meister wendest. Stelle ihm in ergebener Haltung Fragen und diene ihm. Die selbstverwirklichten Seelen können dir Wissen offenbaren, weil sie die Wahrheit gesehen haben." Eine weitere Empfehlung findet man in der *Muṇḍaka Upaniṣad* (1.2.12): *tad-vijñānārthaṁ sa gurum evābhigacchet.* „Um die transzendentale Wissenschaft zu verstehen, muß man sich an einen spirituellen Meister wenden." Diese Methode, transzendentales vertrauliches Wissen Ergebenheit zu empfangen, beruht daher nicht bloß auf gedanklicher Spekulation. Śrī Caitanya Mahāprabhu sagte in diesem Zusammenhang zu Rūpa Gosvāmī:

brahmāṇḍa bhramite kona bhāgyavān jīva
guru-kṛṣṇa-prasāde pāya bhakti-latā-bīja

„Im Laufe der Wanderung durch die universale Schöpfung Brahmās mag eine vom Glück begünstigte Seele den Samen der *bhakti-latā,* der Kletterpflanze des hingebungsvollen Dienstes, empfangen. Es geschieht all dies durch die Gnade des *guru* und die Gnade Kṛṣṇas." (*Cc. Madhya* 19.151) Die materielle Welt ist ein Ort der Gefangenschaft für die Lebewesen, die von Natur aus *ānandamaya* oder freudesuchend sind. Sie wollen im Grunde von der Beschränkung dieser Welt bedingten Glücks frei sein, doch da sie den Vorgang der Befreiung nicht kennen, sind sie daran gebunden, von einer Lebensform zur nächsten und von Planet zu Planet zu wandern. So wandern die Lebewesen durch das materielle Universum. Wenn ein vom Glück begünstigtes Lebewesen mit einem reinen Gottgeweihten zusammenkommt und ihm geduldig zuhört, beginnt es, dem Pfad des hingebungsvollen Dienstes zu folgen. Eine solche Gelegenheit wird einem Menschen geboten, der aufrichtig ist. Die Internationale Gesellschaft für Krishna-Bewußtsein bietet der gesamten Menschheit eine solche Möglichkeit. Wenn man durch glückliche Umstände diese Gelegenheit zur Beschäftigung im hingebungsvollen Dienst nutzt, steht einem das Tor zum Pfad der Befreiung sogleich offen.

Man sollte diese Gelegenheit zur Rückkehr nach Hause, zu Gott, mit Begeisterung wahrnehmen. Ohne Begeisterung kann man nicht erfolgreich sein. Selbst in der materiellen Welt muß man in seinem jeweiligen Tätigkeitsbereich sehr enthusiastisch sein, um Erfolg zu haben. Ein Student, Geschäftsmann, Künstler oder jeder andere, der nach Erfolg strebt, muß mit Begeisterung arbeiten. Ebenso muß man im hingebungsvollen Dienst sehr begeistert sein. Begeisterung bedeutet Tätigsein – doch Tätigsein für wen? Die Antwort lautet, daß man stets für Kṛṣṇa tätig sein sollte – *kṛṣṇārthākhila-ceṣṭā* (*Bhakti-rasāmṛta-sindhu*).

len Lebensphasen muß man unter der Anleitung des

spirituellen Meisters hingebungsvolle Tätigkeiten verrichten, um die Vollkommenheit im *bhakti-yoga* zu erreichen. Es ist nicht so, daß man seine Tätigkeiten einengen oder beschränken muß. Kṛṣṇa ist alldurchdringend. Nichts ist daher von Kṛṣṇa unabhängig, wie Kṛṣṇa Selbst in der *Bhagavad-gītā* (9.4) sagt:

mayā tatam idaṁ sarvaṁ
jagad avyakta-mūrtinā
mat-sthāni sarva-bhūtāni
na cāhaṁ teṣv avasthitaḥ

„Von Mir, in Meiner unmanifestierten Form, wird das gesamte Universum durchdrungen. Alle Wesen sind in Mir, doch Ich bin nicht in ihnen." Unter der Anleitung des echten spirituellen Meisters muß man alles für den Dienst Kṛṣṇas Förderliche machen. Beispielsweise benutzen wir zur Zeit ein Diktiergerät. Der Materialist, der dieses Gerät erfunden hat, bezweckte es für Geschäftsleute oder Schriftsteller weltlicher Themen. Er dachte niemals daran, das Diktiergerät im Dienste Gottes zu benutzen, doch nun bedienen wir uns dieses Diktiergeräts, um Kṛṣṇa-bewußte Literatur zu verfassen. Selbstverständlich befindet sich die Herstellung des Gerätes voll und ganz innerhalb der Energie Kṛṣṇas. Alle Teile des Instruments einschließich der elektronischen Funktionen bestehen aus verschiedenen Verbindungen und Wechselwirkungen der fünf Grundstoffe materieller Energie – nämlich *bhūmi* (Erde), *jala* (Wasser), *agni* (Feuer), *vāyu* (Luft) und *ākāśa* (Äther). Der Erfinder gebrauchte sein Gehirn, um diese komplizierte Maschine herzustellen, und sein Gehirn sowie die Bestandteile wurden von Kṛṣṇa zur Verfügung gestellt. Kṛṣṇa sagt hierzu: *mat-sthāni sarva-bhūtāni.* „Alles hängt von Meiner Energie ab." So kann der Gottgeweihte begreifen, daß alles in Kṛṣṇas Dienst gestellt werden soll, da nichts unabhängig von Kṛṣṇas Energie existiert. Sich mit Intelligenz im Kṛṣṇa-Bewußtsein zu bemühen nennt man *utsāha* oder Begeisterung. Die Gottgeweihten wissen alles im Dienst des Herrn zu benutzen (*nirbandhaḥ kṛṣṇa-sambandhe yuktaṁ vairāgyam ucyate*).

Die Ausübung hingebungsvollen Dienstes ist keine Sache müßiger Meditation, sondern praktische Handlung im Vordergrund spirituellen Lebens.

Diese Tätigkeiten müssen mit Geduld ausgeführt werden. Man darf im Kṛṣṇa-Bewußtsein nicht ungeduldig sein. Tatsächlich wurde diese Bewegung für Kṛṣṇa-Bewußtsein wurde von einer Person allein begonnen, und am Anfang fand sie kaum Anklang, aber weil wir unsere hingebungsvollen Tätigkeiten mit Geduld fortführten, begannen die Menschen allmählich die Bedeutsamkeit dieser Bewegung zu begreifen, und jetzt nehmen sie begeistert daran Anteil. Man darf bei der Ausübung seines hingebungsvollen Dienstes nicht ungeduldig sein, sondern muß vom spirituellen Meister Unterweisungen entgegennehmen und sie mit Geduld ausführen, während man sich dabei auf die Barmherzigkeit des *guru* und Kṛṣṇas verläßt. Die erfolgreiche Ausübung Kṛṣṇa-bewußter Tätigkeiten erfordert sowohl Geduld als auch Vertrauen. Ein frischvermähltes Mädchen erwartet naturgemäß von ihrem Gemahl Nachkommen, doch kann sie nicht erwarten, gleich nach der Heirat ein Kind zu bekommen.

Selbstverständlich kann sie, sobald sie verheiratet ist, den Versuch unternehmen, ein Kind zu bekommen, doch muß sie sich dem Ehemann hingeben und darauf vertrauen, daß sich ihr Kind entwickeln und im Laufe der Zeit geboren werden wird. In ähnlicher Weise bedeutet Ergebenheit im hingebungsvollen Dienst, daß man Vertrauen entwickeln muß. Der Gottgeweihte denkt: *avaśya rakṣibe kṛṣṇa.* „Kṛṣṇa wird mich sicherlich beschützen und mir für die erfolgreiche Ausübung meines hingebungsvollen Dienstes Hilfe gewähren." Das nennt man Vertrauen. Wie bereits erklärt wurde, darf man nicht müßig sein, sondern muß mit Begeisterung die regulierenden Prinzipien einhalten – *tat-tat-karma-pravartanāt.* Eine Vernachlässigung der regulierenden Prinzipien wird den hingebungsvollen Dienst zerstören. In der Bewegung für Kṛṣṇa-Bewußtsein gibt es vier grundlegende regulierende Prinzipien, die unerlaubte Geschlechtsbeziehungen, das Essen von Fleisch,

Glücksspiel und Berauschung verbieten. Ein Gottgeweihter muß sich mit Begeisterung an diese Prinzipien halten. Wenn er bei der Befolgung nur eines dieser Grundsätze nachlässig ist, wird dies seinen Fortschritt zweifellos aufhalten. Śrīla Rūpa Gosvāmī empfiehlt daher, *tat-tat-karma-pravartanāt:* „Man muß den regulierenden Prinzipien der *vaidhī-bhakti* streng folgen." Zusätzlich zu diesen vier Verboten (*yama*) gibt es positive regulierende Prinzipien (*niyama*), wie etwa das tägliche Chanten von sechzehn Runden auf *japa-mālā*-Perlen. Diese regulierenden Tätigkeiten müssen mit Vertrauen und Begeisterung ausgeführt werden. Man nennt dies *tat-tat-karma-pravartanāt* oder vielfältige Betätigung im hingebungsvollen Dienst.

Um im hingebungsvollen Dienst erfolgreich zu sein, muß man außerdem den Umgang mit unerwünschten Menschen aufgeben. Zu ihnen gehören *karmīs, jñānīs, yogīs* und andere Nichtgottgeweihte. Einmal wurde Śrī Caitanya Mahāprabhu von einem seiner Geweihten im Haushälterstand nach den allgemeinen Grundsätzen des Vaiṣṇavatums sowie nach den allgemeinen Routinetätigkeiten eines Vaiṣṇava gefragt, und Śrī Caitanya Mahāprabhu antwortete sogleich: *asat-saṅga-tyāga – ei vaiṣṇava-ācāra.* „Ein Vaiṣṇava ist daran zu erkennen, daß er die Gemeinschaft weltlicher Menschen oder Nichtgottgeweihter aufgibt." (*Cc. Madhya* 22.87) Śrīla Narottama dāsa Ṭhākura empfahl daher: *tāṅdera caraṇa sevi bhakta-sane vāsa.* „Man muß in der Gemeinschaft reiner Gottgeweihter leben und den regulierenden Prinzipien folgen, die von den vorangegangenen *ācāryas,* den Sechs Gosvāmīs (nämlich Śrī Rūpa Gosvāmī, Śrī Sanātana Gosvāmī, Śrī Jīva Gosvāmī, Śrī Raghunātha dāsa Gosvāmī, Śrī Gopāla Bhaṭṭa Gosvāmī und Śrīla Raghunātha Bhaṭṭa Gosvāmī), festgelegt wurden." Wenn man mit Gottgeweihten zusammenlebt, ist die Möglichkeit des Umgangs mit Nichtgottgeweihten gering. Die Internationale Gesellschaft für Krishna-Bewußtsein eröffnet viele Zentren, nur um Menschen einzuladen, in der Gemeinschaft Gottgeweihter und nach den regulierenden Prinzipien des spirituellen Lebens zu leben.

Hingebungsvoller Dienst bedeutet transzendentale Tätigkeiten. Auf der transzendentalen Ebene gibt es keine Verunreinigung durch die drei Erscheinungsweisen der materiellen Natur. Man nennt dies *viśuddha-sattva,* die Ebene reiner Tugend oder der Tugend frei von der Verunreinigung durch die Eigenschaften der Leidenschaft und Unwissenheit. In der Bewegung für Kṛṣṇa-Bewußtsein verlangen wir von jedem, daß er frühmorgens spätestens um vier Uhr aufsteht und an der *maṅgala-ārati* oder Morgenverehrung teilnimmt, darauf im *Śrīmad-Bhāgavatam* liest, *kīrtana* durchführt und so fort. Auf diese Weise betätigen wir uns durchgehend 24 Stunden täglich im hingebungsvollen Dienst. Man nennt dies *sato vṛtti* oder das Folgen in den Fußspuren vorangegangener *ācāryas,* die es verstanden, jeden Augenblick ihrer Zeit für Kṛṣṇa-bewußte Tätigkeiten zu nutzen.

Wenn man sich streng an den von Śrīla Rūpa Gosvāmī in diesem Vers gegebenen Rat hält – nämlich begeistert zu sein, Vertrauen zu haben, geduldig zu sein, die Gemeinschaft unerwünschter Menschen aufzugeben, den regulierenden Prinzipien zu folgen und in der Gemeinschaft Gottgeweihter zu leben – ist es sicher, daß man im hingebungsvollen Dienst fortschreitet. In diesem Zusammenhang bemerkt Śrīla Bhaktisiddhānta Sarasvatī Ṭhākura, daß die Kultivierung von Wissen durch philosophische Spekulation, das Ansammeln weltlichen Reichtums durch die Förderung fruchtbringender Tätigkeiten und der Wunsch nach *yoga-siddhis* oder materiellen Vollkommenheiten den Grundsätzen des hingebungsvollen Dienstes entgegenstehen. Man muß solchen nichtdauerhaften Tätigkeiten entschieden widerstehen und seine Aufmerksamkeit statt dessen den regulierenden Prinzipien des hingebungsvollen Dienstes zuwenden. In der *Bhagavad-gītā* (2.69) heißt es hierzu:

yā niśā sarva-bhūtānāṁ
tasyāṁ jāgarti saṁyamī
yasyāṁ jāgrati bhūtāni
sā niśā paśyato muneḥ

„Was Nacht ist für alle Wesen, ist die Zeit des Erwachens für den Selbstbeherrschten, und die Zeit des Erwachens für alle Wesen ist Nacht für den nach innen gekehrten Weisen."

Die Betätigung im hingebungsvollen Dienst des Herrn ist das Leben und die Seele des Lebewesens. Es ist das ersehnte Ziel, die höchste Vollkommenheit des menschlichen Lebens. Man muß hierauf vertrauen, und man muß ebenfalls darauf vertrauen, daß alle anderen Tätigkeiten außer hingebungsvollem Dienst – wie beispielsweise gedankliche Spekulation, fruchtbringende Arbeit oder mystische Bemühung – niemals einen bleibenden Nutzen bringen werden. Vollständiges Vertrauen in den Pfad des hingebungsvollen Dienstes wird uns befähigen, das ersehnte Ziel zu erreichen, wohingegen der Versuch, anderen Pfaden zu folgen, nur zu Ruhelosigkeit führen wird. Im Siebten Canto des *Śrīmad-Bhāgavatam* heißt es: „Man muß mit Besonnenheit davon überzeugt sein, daß diejenigen, die hingebungsvollen Dienst aufgeben, um sich um anderer Zwecke willen schwere Entbehrungen aufzuerlegen, trotz ihrer fortgeschrittenen Entsagung im Geiste nicht gereinigt sind, denn sie haben keine Kenntnis vom transzendentalen liebevollen Dienst des Herrn."

Es heißt weiter im Siebten Canto: „Obwohl gedankliche Spekulanten und fruchtbringende Arbeiter sich große Entbehrungen und Bußen auferlegen mögen, fallen sie doch von ihrer Stellung herab, weil sie keine Kenntnis von den Lotosfüßen des Herrn besitzen." Die Geweihten des Herrn jedoch fallen niemals. In der *Bhagavad-gītā* (9.31) versichert der Höchste Persönliche Gott Arjuna: *kaunteya pratijānīhi na me bhaktaḥ praṇaśyati.* „O Sohn Kuntīs, verkünde kühn, daß mein Geweihter niemals vergeht."

An einer anderen Stelle in der *Bhagavad-gītā* (2.40) sagt Kṛṣṇa:

nehābhikrama-nāśo 'sti
pratyavāyo na vidyate
svalpam apy asya dharmasya
trāyate mahato bhayāt

„Bei dieser Bemühung gibt es weder Verlust noch Minderung, und schon ein wenig Fortschritt auf diesem Pfad kann einen vor der größten Gefahr bewahren."

Hingebungsvoller Dienst ist so rein und vollkommen, daß er – einmal begonnen – das Lebewesen gewaltsam zum endgültigen Erfolg zerrt. Bisweilen gibt jemand seine gewöhnlichen materiellen Tätigkeiten auf und sucht nur aus einem Gefühl heraus bei den Lotosfüßen des Höchsten Herrn Zuflucht und beginnt so mit der vorbereitenden Ausübung hingebungsvollen Dienstes. Selbst wenn ein solch unreifer Geweihter fällt, verliert er nichts. Was aber gewinnt jemand, der die vorgeschriebenen Pflichten gemäß seinem *varṇa* und *āśrama* erfüllt, sich jedoch nicht dem hingebungsvollen Dienst zuwendet? Obwohl ein gefallener Gottgeweihter im nächsten Leben in einer niedrigen Familie geboren werden mag, wird er nichtsdestoweniger seinen hingebungsvollen Dienst dort wieder aufnehmen, wo er aufgehört hat. Hingebungsvoller Dienst ist *ahaituky apratihatā;* er ist nicht die Auswirkung irgendeiner weltlichen Ursache, noch kann er durch eine weltliche Ursache beendet oder durch irgendeine materielle Unterbrechung auf Dauer beeinträchtigt werden. Ein Gottgeweihter sollte daher auf seine Beschäftigung vertrauen und nicht sehr an den Tätigkeiten der *karmīs, jñānīs* und *yogīs* interessiert sein.

Zweifellos besitzen viele fruchtbringende Arbeiter, philosophische Spekulanten und mystische *yogīs* gute Eigenschaften, doch alle guten Eigenschaften entwickeln sich von selbst im Charakter eines Gottgeweihten. Es ist keine zusätzliche Bemühung nötig. Wie im *Śrīmad-Bhāgavatam* (5.18.12) bestätigt wird, zeigen sich alle guten Eigenschaften der Halbgötter in zunehmendem Maße in jemand, der reinen hingebungsvollen Dienst entwickelt hat. Weil ein Gottgeweihter an keiner materiellen Tätigkeit Interesse zeigt, wird er nicht materiell verunreinigt. Er steht sogleich auf der Ebene transzendentalen Lebens. Wer jedoch weltlichen Tätigkeiten nachgeht – sei er ein sogenannter *jñānī, yogī, karmī,* Philanthrop, Nationalist oder was auch immer – kann die hohe Stufe des *mahātmā* nicht erreichen. Er bleibt ein *durātmā* oder engherziger Mensch. In der *Bhagavad-gītā* (9.13) heißt es hierzu:

mahātmānas tu māṁ pārtha
daivīṁ prakṛtim āśritāḥ
bhajanty ananya-manaso
jñātvā bhūtādim avyayam

„O Sohn Pṛthās, diejenigen, die nicht verblendet sind, die großen Seelen, stehen unter dem Schutz der göttlichen Natur. Sie sind vollständig im hingebungsvollen Dienst beschäftigt, da sie Mich als die Höchste Persönlichkeit Gottes kennen, die ursprünglich und unerschöpflich ist."

Da alle Geweihten des Herrn unter dem Schutz Seiner höchsten Kraft stehen, sollten sie nicht vom Pfad des hingebungsvollen Dienstes abweichen und dem Pfad des *karmī, jñānī* oder *yogī* folgen. Man nennt dies *utsāhān niścayād dhairyāt tat-tat-karma-pravartanāt*, die begeisterte Ausübung der geregelten Tätigkeiten des hingebungsvollen Dienstes mit Geduld und Vertrauen. So kann man im hingebungsvollen Dienst ungehindert fortschreiten.

Vierter Vers

ददाति प्रतिगृह्णाति गुह्यमाख्याति पृच्छति ।
भुङ्क्ते भोजयते चैव षड्विधं प्रीतिलक्षणम् ॥

dadāti pratigṛhṇāti
guhyam ākhyāti pṛcchati
bhuṅkte bhojayate caiva
ṣaḍ-vidhaṁ prīti-lakṣaṇam

dadāti – gibt Almosen; *pratigṛhṇāti* – nimmt im Gegenzug; *guhyam* – vertrauliche Dinge; *ākhyāti* – erklärt; *pṛcchati* – fragt nach; *bhuṅkte* – ißt; *bhojayate* – speist; *ca* – auch; *eva* – gewiß; *ṣaṭ-vidham* – sechs Arten; *prīti* – der Liebe; *lakṣaṇam* – Merkmale.

Das Anbieten mildtätiger Gaben, das Annehmen solcher Gaben, sich vertraulich mitzuteilen, vertraulich Fragen zu stellen, das Annehmen und Anbieten von Prasāda sind die sechs Merkmale der Liebe zwischen Gottgeweihten.

ERLÄUTERUNG: In diesem Vers erklärt Śrīla Rūpa Gosvāmī, wie man hingebungsvolle Tätigkeiten in der Gemeinschaft anderer Gottgeweihter ausführt. Es gibt sechs Arten von Tätigkeiten: (1) Gottgeweihten Gaben schenken, (2) von den Gottgeweihten annehmen, was immer sie in Erwiderung anbieten mögen, (3) sich den Gottgeweihten vertraulich mitteilen, (4) sie über den vertraulichen Dienst des Herrn befragen, (5) *prasāda* oder spirituelle Speise ehren, die von den Gottgeweihten angeboten wird, und (6) die Gottgeweihten mit *prasāda* bewirten. Ein erfahrener Gottgeweihter erklärt und ein unerfahrener Gottgeweihter lernt von ihm. Man nennt dies *guhyam ākhyāti pṛcchati*. Wenn ein Gottgeweihter *prasāda*, die Überreste der Speisen, die dem Höchsten Persönlichen Gott geopfert wurden, verteilt, müssen wir dieses *prasāda* als die durch die reinen Gottgeweihten empfangene Gnade des Herrn annehmen, um unseren Geist des hingebungsvollen Dienstes zu erhalten. Wir sollten auch reine Gottgeweihte zu uns nach Hause einladen, ihnen *prasāda* anbieten und bereit sein, sie in jeder Hinsicht zu erfreuen. Dies wird *bhuṅkte bhojayate caiva* genannt.

Selbst bei gewöhnlichem gesellschaftlichen Umgang sind diese sechs Arten der Beziehungen zwischen zwei liebenden Freunden absolut notwendig. Wenn zum Beispiel ein Geschäftsmann mit einem anderen Geschäftsmann Verbindung aufnehmen will, trifft er Vorkehrungen für ein Festessen in einem Hotel, und während des Essens teilt er seinem Freund offen mit, was er zu tun gedenkt. Er fragt sodann seinen Geschäftsfreund, wie er handeln solle, und zuweilen überreicht man sich auch Geschenke. Wann immer daher *prīti* oder Liebe in einer engen Beziehung ausgetauscht wird, kommt es zu diesen sechs Tätigkeiten. Im vorangegangenen Vers riet Śrīla Rūpa Gosvāmī, daß man weltlicher Gemeinschaft entsagen und mit Gottgeweihten zusammenleben solle (*saṅga-tyāgāt sato vṛtteḥ*). Die Internationale Gesellschaft für Krishna-Bewußtsein wurde gegründet, um diese sechs Arten liebevollen Austausches zwischen Gottgeweihten zu ermöglichen. Diese Gesellschaft wurde im Alleingang begonnen, doch weil Menschen vortreten und nach dem Gib-und-nimm-Prinzip handeln, breitet sie sich auf der ganzen Welt aus. Wir freuen uns, daß Menschen sehr freigiebig zur Entwicklung der Vorhaben der Gesellschaft beitragen, und diese Menschen nehmen ebenfalls mit großer Freude jeden bescheidenen Beitrag entgegen, den wir ihnen in Form von Büchern und Zeitschriften, die sich streng mit dem Kṛṣṇa-Bewußtsein befassen, geben.

Wir halten bisweilen Hare Kṛṣṇa-Festivals ab und laden Mitglieder auf Lebenszeit und Freunde ein, an den Festlichkeiten durch das Annehmen von *prasāda* teilzunehmen. Obwohl die meisten unserer Mitglieder aus den höheren Gesellschaftsschichten stammen, kommen sie trotzdem und nehmen an *prasāda* entgegen, was immer wir ihnen anbieten können. Hin und wieder erkundigen sich die Mitglieder und Förderer vertraulich nach den Methoden der Ausführung hingebungsvollen Dienstes, und wir versuchen, ihnen dies zu erklären. So breitet sich unsere Gesellschaft erfolgreich auf der ganzen Weit aus, und die Intelligenzia aller Länder beginnt allmählich, unsere Kṛṣṇa-bewußten Tätigkeiten immer mehr schätzen zu lernen. Das Leben der Kṛṣṇa-bewußten Gesellschaft wird durch diese sechs Arten liebevollen Austausches zwischen den Mitgliedern genährt; es muß daher den Menschen die Möglichkeit geboten werden, mit den Gottgeweihten der ISKCON zusammenzukommen, denn einfach durch den oben erwähnten sechsfachen Austausch kann ein gewöhnlicher Mensch sein schlummerndes Kṛṣṇa-Bewußtsein vollständig wiederbeleben. In der *Bhagavad-gītā* (2.62) heißt es: *saṅgāt sañjāyate kāmaḥ*. „Unsere Wünsche und Bestrebungen entwickeln sich unserem Umgang gemäß." Eine Redensart lautet: „Sag' mir, mit wem du verkehrst, und ich sage dir, wer du bist." Wenn ein gewöhnlicher Mensch mit Gottgeweihten Umgang hat, wird er zweifellos sein schlummerndes Kṛṣṇa-Bewußtsein entwickeln. Das Verständnis für Kṛṣṇa-Bewußtseins liegt in der Natur jedes Lebenwesens, und es ist bereits bis zu einem gewissen Maße entwickelt, wenn das Lebewesen einen menschlichen Körper annimmt. Im *Caitanya-caritāmṛta* (*Madhya* 22.107) heißt es:

nitya-siddha kṛṣṇa-prema ‚sādhya' kabhu naya
śravaṇādi-śuddha-citte karaye udaya

„Reine Liebe zu Kṛṣṇa ist ewig in den Herzen der Lebewesen vorhanden. Es ist nicht etwas, das aus einer anderen Quelle zu gewinnen ist. Wenn das Herz durch Hören und Chanten geläutert wird, erwacht das Lebewesen naturgemäß." Da Kṛṣṇa-Bewußtsein jedem Lebewesen innewohnt, sollte jedem die Möglichkeit geboten werden, über Kṛṣṇa-Bewußtsein zu hören. Einfach durch Hören und Chanten – *śravaṇaṁ kīrtanam* – wird das Herz unmittelbar geläutert und das ursprüngliche Kṛṣṇa-Bewußtsein wird sogleich erweckt. Kṛṣṇa-Bewußtsein wird dem Herzen nicht künstlich aufgedrängt; es ist bereits vorhanden. Wenn man den heiligen Namen des Höchsten Persönlichen Gottes chantet, wird das Herz von aller materiellen Verunreinigung geläutert. Im ersten Vers Seines *Śrī Śikṣāṣṭaka* sagt Śrī Caitanya Mahāprabhu:

ceto-darpaṇa-mārjanaṁ bhava-mahā-dāvāgni-nirvāpaṇaṁ
śreyaḥ-kairava-candrikā-vitaraṇaṁ vidyā-vadhū-jīvanam
ānandāmbudhi-vardhanaṁ pratipadaṁ pūrṇāmṛtāsvādanaṁ
sarvātma-snapanaṁ paraṁ vijayate śrī-kṛṣṇa-saṅkīrtanam

„Gepriesen sei der Śrī-Kṛṣṇa-*saṅkīrtana,* der das Herz von allem seit Jahren angesammelten Staub reinigt und das Feuer des bedingten Lebens, der wiederholten Geburten und Tode, löscht. Die *saṅkīrtana*-Bewegung ist die größte Segnung für die Menschheit, da sie die Strahlen des segenspendenden Mondes verbreitet. Sie ist das Leben allen transzendentalen Wissens. Sie läßt das Meer der transzendentalen Glückseligkeit ständig anschwellen und befähigt uns, den reinen Nektar zu kosten, nach dem wir uns seit Ewigkeiten sehnen."

Nicht nur der Chanter des *mahā-mantra* wird geläutert, sondern ebenso das Herz eines jeden, der zufällig die transzendentale Schwingung von „Hare Kṛṣṇa, Hare Kṛṣṇa, Kṛṣṇa Kṛṣṇa, Hare Hare / Hare Rāma, Hare Rāma, Rāma Rāma, Hare Hare" hört. Selbst die in niederen Tieren, Insekten, Bäumen und anderen Lebensformen verkörperten Seelen werden durch das bloße Hören der transzendentalen Klangschwingung geläutert und darauf vorbereitet, völlig Kṛṣṇa-bewußt zu werden. Es wurde dies von Ṭhākura Haridāsa erklärt, als Caitanya Mahāprabhu ihn fragte, wie Lebewesen unterhalb der menschlichen Stufe aus der materiellen Knechtschaft befreit werden könnten. Haridāsa Ṭhākura sagte, das Chanten der heiligen Namen sei so mächtig, daß selbst in den entlegensten Teilen des Urwalds die Bäume und Tiere im Kṛṣṇa-

Bewußtsein fortschreiten, wenn sie einfach die Klangschwingung hören. Es wurde dies tatsächlich von Śrī Caitanya Mahāprabhu Selbst bewiesen, als Er durch den Wald von Jhārikhaṇḍa zog. Damals legten die Tiger, Schlangen, Rehe und alle anderen Tiere ihre natürliche Feindseligkeit ab und begannen, im *saṅkīrtana* zu chanten und zu tanzen. Selbstverständlich können wir die Taten Śrī Caitanya Mahāprabhus nicht nachahmen, doch sollten wir seinen Fußspuren folgen. Wir sind nicht mächtig genug, die niederen Tiere, wie Tiger, Schlangen, Katzen und Hunde, anzulocken oder zum Tanzen zu bringen, doch können wir durch das Chanten der heiligen Namen des Herrn zweifellos viele Menschen auf der ganzen Welt zum Kṛṣṇa-Bewußtsein bringen. Den heiligen Namen des Herrn beizutragen oder zu verbreiten ist ein erhabenes Beispiel für Wohltätigkeit (das *dadāti*-Prinzip). Man muß sich auch an den *pratigṛhṇāti*-Grundsatz halten und gewillt und bereit sein, die transzendentale Gabe zu empfangen. Man sollte über die Bewegung für Kṛṣṇa-Bewußtsein Fragen stellen und sich öffnen, um die Lage der materiellen Welt zu begreifen. So kann dem *guhyam ākhyāti pṛcchati*-Prinzip gedient werden.

Die Geweihten der *Internationalen Gesellschaft für Krishna-Bewußtsein* laden die Mitglieder und Gönner der Gesellschaft ein, mit ihnen zu speisen, wenn sie jeden Sonntag in all ihren Tempeln Feste der Liebe feiern. Viele interessierte Menschen kommen, um *prasāda* zu ehren, und wann immer es möglich ist, laden sie Mitglieder der Gesellschaft für Kṛṣṇa-Bewußtsein zu sich nach Hause ein und speisen sie reichlich mit *prasāda*. Auf diese Weise ist sowohl den Mitgliedern der ISKCON als auch der breiten Öffentlichkeit gedient. Die Menschen sollten die Gesellschaft sogenannter *yogīs, jñānīs, karmīs* und Philanthropen aufgeben, denn solche Gemeinschaft kann niemandem nützen. Wenn man wirklich das Ziel des menschlichen Lebens erreichen möchte, sollte man mit den Gottgeweihten der Bewegung für Kṛṣṇa-Bewußtsein Gemeinschaft pflegen, denn dies ist die einzige Bewegung, die uns lehrt, wie man Liebe zu Gott entwickelt. Religion ist die besondere Aufgabe der menschlichen Gesellschaft, und sie bildet den Unterschied zwischen der menschlichen und der tierischen Gesellschaft. Die Tiergesellschaft kennt keine Kirche, Moschee oder ein religiöses System. In allen Teilen der Weit, ganz gleich wie unterdrückt die menschliche Gesellschaft sein mag, gibt es ein System der Religion. Wenn sich ein religiöses System entwickelt und sich in Liebe zu Gott verwandelt, ist es erfolgreich. Im Ersten Canto des *Śrīmad-Bhāgavatam* (1.2.6) heißt es hierzu:

sa vai puṁsāṁ paro dharmo
yato bhaktir adhokṣaje
ahaituky apratihatā
yayātmā suprasīdati

„Die höchste Beschäftigung [*dharma*] für die gesamte Menschheit ist die, durch welche der Mensch liebenden hingebungsvollen Dienst für den transzendentalen Herrn erlangt. Solch hingebungsvoller Dienst muß motivlos und ununterbrochen ausgeführt werden, um das Selbst völlig zufriedenzustellen."

Wenn die Mitglieder der menschlichen Gesellschaft wirklich inneren Frieden, Ausgeglichenheit und freundliche Beziehungen zwischen Menschen und Nationen wünschen, müssen sie dem Kṛṣṇa-bewußten System der Religion folgen, durch das sie ihre schlummernde Liebe zu Kṛṣṇa, dem Höchsten Persönlichen Gott, entwickeln können. Sobald die Menschen dies tun, wird sogleich Frieden und Heiterkeit ihre Gemüter erfüllen.

Śrīla Bhaktisiddhānta Sarasvatī Ṭhākura warnt in diesem Zusammenhang alle Gottgeweihten, die mit der Verbreitung der Bewegung für Kṛṣṇa-Bewußtsein beschäftigt sind, nicht mit den Unpersönlichkeitsanhängern oder Māyāvādīs zu sprechen, die stets entschlossen sind, sich theistischen Bewegungen zu widersetzen. Die Welt ist voller Māyāvādīs und Atheisten, und die politischen Parteien der Welt nutzen die Māyāvāda-Philosophie und andere atheistische Philosophien, um den Materialismus zu fördern. Zuweilen unterstützen sie sogar eine starke Partei, um gegen die Bewegung für Kṛṣṇa-Bewußtsein zu arbeiten. Die Māyāvādīs und andere Atheisten wollen nicht, daß sich die Bewegung für Kṛṣṇa-Bewußtsein entwickelt, denn sie erzieht die Menschen zum Gottesbewußtsein. So sieht die Taktik der Atheisten aus. Es bringt keinen Nutzen, eine Schlange mit Milch und Bananen zu füttern, denn die Schlange wird niemals zufrieden sein. Im Gegenteil, wenn die Schlange Milch und Bananen bekommt, wird sie nur noch giftiger (*kevalaṁ viṣa-vardhanam*). Wenn eine Schlange Milch zu trinken bekommt, vermehrt sich ihr Gift nur noch. Aus dem gleichen Grunde sollten wir uns nicht den schlangengleichen Māyāvādīs und *karmīs* mitteilen. Ein solches Sich-anvertrauen wird niemals helfen. Es ist das Beste, die Gemeinschaft solcher Menschen gänzlich zu vermeiden und sie niemals über etwas Vertrauliches zu befragen, denn sie können keine guten Ratschläge geben. Auch sollten wir Māyāvādīs und Atheisten nicht zu uns einladen noch ihre Einladungen annehmen, denn durch solch engen Kontakt könnten wir durch ihre atheistische Geisteshaltung beeinflußt werden (*saṅgāt sañjāyate kāmaḥ*). Die negative Anweisung dieses Verses lautet, daß wir davon Abstand nehmen sollen, den Māyāvādīs und Atheisten irgendetwas zu geben oder von ihnen anzunehmen. Śrī Caitanya Mahāprabhu warnte auch: *viṣayīra anna khāile malina haya mana*. „Wenn wir von weltlichen Menschen zubereitete Nahrung essen, wird unser Geist verunreinigt." (*Cc. Antya* 6.278) Solange man nicht sehr fortgeschritten ist, ist man nicht in der Lage, jedermanns Beitrag zur Förderung der Bewegung für Kṛṣṇa-Bewußtsein zu verwenden; daher sollte man grundsätzlich keine Gaben von Māyāvādīs oder Atheisten annehmen. In der Tat verbot Śrī Caitanya Mahāprabhu den Gottgeweihten, selbst mit gewöhnlichen Menschen, die zu sehr an materieller Sinnenfreude haften, Umgang zu haben.

Die Schlußfolgerung lautet, daß wir stets mit Gottgeweihten Gemeinschaft pflegen, die regulierenden hingebungsvollen Prinzipien beachten, den Fußspuren der *ācāryas* folgen und in völligem Gehorsam die Anweisungen des spirituellen Meisters ausführen sollen. Dann werden wir unseren hingebungsvollen Dienst und unser schlummerndes Kṛṣṇa-Bewußtsein entwickeln können. Von einem Gottgeweihten, der weder ein Neuling noch ein *mahā-bhāgavata* (ein sehr weit fortgeschrittener Gottgeweihter) ist, sondern sich auf der mittleren Stufe des hingebungsvollen Dienstes befindet, wird erwartet, daß er den Höchsten Persönlichen Gott liebt, mit den Gottgeweihten Freundschaft schließt, mit den Unwissenden Mitleid hat und die neidischen und dämonischen Menschen zurückweist. In diesem Vers wird kurz erwähnt, wie der liebevolle Austausch mit dem Höchsten Persönlichen Gott aussieht und wie man mit den Gottgeweihten Freundschaft schließt. Nach dem *dadāti*-Grundsatz wird von einem fortgeschrittenen Gottgeweihten erwartet, daß er mindestens die Hälfte seines Einkommens für den Dienst am Herrn und Seinen Geweihten zur Verfügung stellt. Śrīla Rūpa Gosvāmī gab dieses Beispiel in seinem eigenen Leben. Als er beschloß, sich zurückzuziehen, gab er die Hälfte der Ersparnisse seines Lebens für den Dienst Kṛṣṇas, ein Viertel bekamen seine Verwandten und ein Viertel behielt er für persönliche Notfälle. Diesem Beispiel sollten alle Gottgeweihten folgen. Ganz gleich wie hoch das Einkommen ist, die Hälfte sollte in den Dienst Kṛṣṇas und Seiner Geweihten gestellt werden. Dies wird die Forderung des *dadāti* erfüllen.

Im nächsten Vers teilt uns Śrīla Rūpa Gosvāmī mit, welchen Vaiṣṇava man sich zum Freund wählen und wie man Vaiṣṇavas dienen soll.

Fünfter Vers

कृष्णेति यस्य गिरि तं मनसाद्रियेत
दीक्षास्ति चेत्प्रणतिभिश्च भजन्तमीशम् ।
शुश्रूषया भजनविज्ञमनन्यमन्य-
निन्दादिशून्यहृदमीप्सितसङ्गलब्ध्या ॥

kṛṣṇeti yasya giri taṁ manasādriyeta
dīkṣāsti cet praṇatibhiś ca bhajantam īśam
śuśrūṣayā bhajana-vijñam ananyam anya-
nindādi-śūnya-hṛdam īpsita-saṅga-labdhyā

kṛṣṇa – der heilige Name Śrī Kṛṣṇas; *iti* – so; *yasya* – von dem; *giri* – in den Worten oder Sprache; *tam* – ihn; *manasā* – durch den Geist; *ādriyeta* – man muß ehren; *dīkṣā* – Einweihung; *asti* – es gibt; *cet* – wenn; *praṇatibhiḥ* – durch Ehrerbietungen; *ca* – auch; *bhajantam* – im hingebungsvollen Dienst tätig; *īśam* – dem Höchsten Persönlichen Gott; *śuśrūṣayā* – durch praktischen Dienst; *bhajana-vijñam* – jemand, der im hingebungsvollen Dienst fortgeschritten ist; *ananyam* – ohne Abweichung; *anya-nindā-ādi* – der Beleidigung anderer und so fort; *śūnya* – völlig frei von; *hṛdam* – dessen Herz; *īpsita* – wünschenswert; *saṅga* – Gemeinschaft; *labdhyā* – indem man gewinnt.

Man soll den Gottgeweihten, der den heiligen Namen Śrī Kṛṣṇas chantet, im Geiste ehren. Man soll dem Gottgeweihten, der die spirituelle Einweihung [dīkṣā] empfangen hat und die Bildgestalt Gottes im Tempel verehrt, demütige Ehrerbietungen erweisen,

und man soll die Gemeinschaft des reinen Gottgeweihten suchen und ihm, der in unerschütterlichem hingebungsvollen Dienst fortgeschritten ist und dessen Herz völlig frei ist von der Neigung, andere zu kritisieren, treu dienen.

ERLÄUTERUNG: Um die im vorangegangenen Vers erwähnten sechs Arten des liebevollen Austausches intelligent anzuwenden, muß man sich mit sorgsamer Unterscheidung die richtigen Personen auswählen. Śrīla Rūpa Gosvāmī gibt uns daher den Rat, Vaiṣṇavas ihrem jeweiligen Stand entsprechend in der geeigneten Weise zu begegnen. In diesem Vers sagt er uns, wie wir uns drei Arten von Gottgeweihten gegenüber verhalten sollen – gegenüber dem *kaniṣṭha-adhikārī*, dem *madhyama-adhikārī* und dem *uttama-adhikārī*. Der *kaniṣṭha-adhikārī* ist ein Neuling, der die *hari-nāma*-Einweihung vom spirituellen Meister empfangen hat und versucht, den heiligen Namen Kṛṣṇas zu chanten. Man sollte einen solchen Menschen im Geist als einen *kaniṣṭha-vaiṣṇava* achten. Ein *madhyama-adhikārī* hat die spirituelle Einweihung vom spirituellen Meister empfangen und wird von ihm vollständig im transzendentalen liebevollen Dienst des Herrn beschäftigt. Der *madhyama-adhikārī* sollte als jemand betrachtet werden, der sich im hingebungsvollen Dienst auf halbem Wege befindet. Der *uttama-adhikārī* oder höchste Gottgeweihte ist jemand, der im hingebungsvollen Dienst weit fortgeschritten ist. Dem *uttama-adhikārī* liegt nichts daran, andere zu schmähen; sein Herz ist völlig rein, und er hat die verwirklichte Stufe makellosen Kṛṣṇa-Bewußtseins erreicht. Śrīla Rūpa Gosvāmī zufolge ist die Gemeinschaft mit einem solchen *mahā-bhāgavata* oder vollkommenen Vaiṣṇava und der Dienst an ihm überaus erstrebenswert.

Man sollte kein *kaniṣṭha-adhikārī* bleiben, das heißt jemand, der sich auf der untersten Stufe des hingebungsvollen Dienstes befindet und nur daran interessiert ist, die Bildgestalt Gottes im Tempel zu verehren. Ein solcher Gottgeweihter wird im *Śrīmad Bhāgavatam* (11.2.47) wie folgt beschrieben:

arcāyām eva haraye
pūjāṁ yaḥ śraddhayehate
na tad-bhakteṣu cānyeṣu
sa bhaktaḥ prākṛtaḥ smṛtaḥ

„Jemand, der sehr gewissenhaft die Bildgestalt Gottes im Tempel verehrt, jedoch nicht weiß, wie man sich Gottgeweihten oder Menschen im Allgemeinen gegenüber verhält, wird als *prākṛta-bhakta* oder *kaniṣṭha-adhikārī* bezeichnet."

Man muß sich daher von der Stellung des *kaniṣṭha-adhikārī* zur Ebene des *madhyama-adhikārī* erheben. Der *madhyama-adhikārī* wird im *Śrīmad-Bhāgavatam* (11.2.46) so beschrieben:

īśvare tad-adhīneṣu
bāliśeṣu dviṣatsu ca
prema-maitrī-kṛpopekṣā
yaḥ karoti sa madhyamaḥ

„Der *madhyama-adhikārī* ist ein Gottgeweihter, der den Höchsten Persönlichen Gott als die höchste Person verehrt, mit den Geweihten des Herrn Freundschaft schließt, den Unwissenden gegenüber barmherzig ist und die von Natur aus Neidischen meidet."

Das ist der Weg, hingebungsvollen Dienst in rechter Weise zu kultivieren. Śrīla Rūpa Gosvāmī legt uns daher in diesem Vers nahe, wie wir uns verschiedenen Gottgeweihten gegenüber verhalten sollen. Wir können aus praktischer Erfahrung sehen, daß es verschiedene Arten von Vaiṣṇavas gibt. Die *prākṛta-sahajiyās* chanten im Allgemeinen den Hare Kṛṣṇa *mahā-mantra*, doch hängen sie noch an Frauen, Geld und Rauschmitteln. Obgleich solche Menschen den heiligen Namen des Herrn chanten mögen, sind sie noch nicht richtig geläutert. Man sollte solche Menschen im Geist achten, doch ihren Umgang meiden. Denen, die unschuldig sind, die jedoch einfach durch schlechten Umgang fortgerissen wurden, sollte man wohlgesinnt sein, wenn sie begierig danach sind, von reinen Gottgeweihten geeignete Unterweisungen zu empfangen.

Den neuen Gottgeweihten aber, die tatsächlich durch den echten spirituellen Meister eingeweiht wurden und damit beschäftigt sind, die Anweisungen des spirituellen Meisters auszuführen, sollte man achtungsvolle Ehrerbietungen erweisen.

In dieser Bewegung für Kṛṣṇa-Bewußtsein wird jedem, ohne Unterscheidung der Kaste, des Glaubens oder der Hautfarbe, eine Möglichkeit geboten. Jeder ist eingeladen, sich dieser Bewegung anzuschließen, mit den Gottgeweihten zusammenzusitzen, *prasāda* zu essen und über Kṛṣṇa zu hören. Wenn wir sehen, daß jemand tatsächlich am Kṛṣṇa-Bewußtsein interessiert ist und eingeweiht werden möchte, nehmen wir ihn als einen Schüler an, der sich darin übt, den heiligen Namen des Herrn zu chanten. Wenn ein neuer Gottgeweihter tatsächlich vorschriftsgemäß eingeweiht wurde und entsprechend den Anweisungen des spirituellen Meisters im hingebungsvollen Dienst tätig ist, sollte er sogleich als echter Vaiṣṇava anerkannt werden und man sollte ihm Ehrerbietungen erweisen. Unter vielen solchen Vaiṣṇavas mag man einen finden, der sehr ernsthaft im Dienst des Herrn tätig ist und streng allen regulierenden Prinzipien folgt, die vorgeschriebene Anzahl von Runden auf *japa*-Perlen chantet und stets daran denkt, wie er die Bewegung für Kṛṣṇa-Bewußtsein verbreiten könnte. Einen solchen Vaiṣṇava sollte man als *uttama-adhikārī* anerkennen, als einen sehr weit fortgeschrittenen Gottgeweihten, und seine Gemeinschaft sollte stets angestrebt werden.

Der Vorgang, durch den ein Gottgeweihter Anhaftung an Kṛṣṇa gewinnt, wird im *Caitanya-caritāmṛta* (*Antya* 4.192) beschrieben:

dīkṣā-kāle bhakta kare ātma-samarpaṇa
sei-kāle kṛṣṇa tāre kare ātma-sama

„Zur Zeit der Einweihung, wenn sich ein Gottgeweihter vorbehaltlos dem Dienst des Herrn ergibt, erkennt ihn Kṛṣṇa als ebenso gut wie Sich Selbst an."

Dīkṣā oder spirituelle Einweihung wird im *Bhakti-sandarbha* (283) von Śrīla Jīva Gosvāmī erklärt:

divyaṁ jñānaṁ yato dadyāt
kuryāt pāpasya saṅkṣayam
tasmād dīkṣeti sa proktā
deśikais tattva-kovidaiḥ

„Durch *dīkṣā* verliert man allmählich das Interesse an materiellen Freuden und gewinnt immer mehr Interesse am spirituellen Leben."

Wir haben hierfür vor allem in Europa und Amerika viele praktische Beispiele. Viele Schüler, die aus reichen und achtbaren Familien zu uns kommen, verlieren schnell alles Interesse an materiellem Genuß und werden sehr begierig, ein spirituelles Leben zu führen. Obwohl sie aus sehr wohlhabenden Familien stammen, geben sich viele von ihnen mit Lebensbedingungen zufrieden, die nicht sehr bequem sind. Ja, um Kṛṣṇas willen sind sie sogar bereit, unter jeder Bedingung zu leben, solange sie im Tempel bleiben und mit den Vaiṣṇavas zusammensein können. Wenn jemand das Interesse an materiellen Freuden verliert, eignet er sich zur Einweihung durch den spirituellen Meister. Für den Fortschritt im spirituellen Leben schreibt das *Śrīmad-Bhāgavatam* (6.1.13) vor: *tapasā brahmacaryeṇa śamena ca damena ca.* „Wenn es jemand ernst damit meint, *dīkṣā* anzunehmen, muß er bereit sein, sich in der Entbehrung, im Zölibat und in der Beherrschung des Geistes und des Körpers zu üben." Wenn jemand diese Bereitschaft besitzt und begierig ist, spirituelle Erleuchtung (*divyaṁ jñānam*) zu empfangen, erfüllt er die Voraussetzung zur Einweihung. *Divyaṁ jñānam* wird technisch als *tas-vijñāna* oder Wissen über den Höchsten bezeichnet. *Tad-vijñānārthaṁ sa gurum evābhigacchet:* „Wenn jemand am transzendentalen Thema der Absoluten Wahrheit Interesse zeigt, sollte er eingeweiht werden. Ein solcher Mensch soll sich an einen spirituellen Meister wenden, um von ihm *dīkṣā* zu empfangen." (*Muṇ. U.* 1.2.12) Das *Śrīmad-Bhāgavatam* (11.3.21) schreibt ebenfalls vor: *tasmād guruṁ prapadyeta jijñāsuḥ śreya uttamam.* „Wenn jemand tatsächlich Interesse an der transzendentalen

Wissenschaft der Absoluten Wahrheit zeigt, soll er sich an einen spirituellen Meister wenden."

Man sollte einen spirituellen Meister nicht annehmen, ohne seinen Unterweisungen zu folgen. Noch sollte man einen spirituellen Meister annehmen, nur um aus einer Mode heraus spirituelles Leben zur Schau zu stellen. Man muß *jijñāsu* sein, das heißt sehr begierig, von einem echten spirituellen Meister zu lernen. Die Fragen, die man stellt, sollen streng die transzendentalen Wissenschaft betreffen (*jijñāsuḥ śreya uttamam*). Das Wort *uttamam* bezieht sich auf das, was über materielles Wissen hinausgeht. *Tama* bedeutet „die Dunkelheit der materiellen Welt", und *ut* bedeutet „transzendental". Gewöhnlich sind Menschen sehr daran interessiert, nach weltlichen Dingen zu fragen, doch wenn man solches Interesse verloren hat und nur noch an transzendentalen Dingen interessiert ist, eignet man sich zur Einweihung. Wenn jemand vom echten spirituellen Meister vorschriftsgemäß eingeweiht wurde und sich ernsthaft im Dienst des Herrn betätigt, sollte er als *madhyama-adhikārī* betrachtet werden.

Das Chanten der heiligen Namen Kṛṣṇas ist so erhaben, daß jemand, der den Hare Kṛṣṇa *mahā-mantra* ohne Vergehen chantet, indem er die zehn Vergehen sorgsam vermeidet, zweifellos nach und nach zu dem Verständnis erhoben werden kann, daß kein Unterschied zwischen dem heiligen Namen des Herrn und dem Herrn Selbst besteht. Wer ein solches Verständnis erreicht hat, sollte von neuen Gottgeweihten sehr geachtet werden. Man sollte sich der Tatsache gewiß sein, daß man ohne das vergehenlose Chanten des den heiligen Namens des Herrn kein geeigneter Anwärter für den Fortschritt im Kṛṣṇa-Bewußtsein sein kann. Im *Śrī Caitanya-caritāmṛta* (*Madhya* 22.69) heißt es:

yāhāra komala śraddhā, se ‚kaniṣṭha' jana
krame krame teṅho bhakta ha-ibe ‚uttama'

„Jemand, dessen Glauben nicht sehr stark, sondern leicht beeinflußbar ist, wird als Neuling bezeichnet; doch indem er Schritt für

Schritt dem Vorgang folgt, wird er zur Ebene eines Gottgeweihten ersten Ranges aufsteigen."

Jeder beginnt sein hingebungsvolles Leben auf der Stufe des Neulings, doch wenn man die vorgeschriebene Anzahl von Runden des *hari-nāma* richtig vollendet, wird man Schritt für Schritt zur höchsten Ebene, zur Stufe des *uttama-adhikārī*, erhoben. Die Bewegung für Kṛṣṇa-Bewußtsein schreibt täglich sechzehn Runden vor, weil sich Menschen in den westlichen Ländern nicht für längere Zeit konzentrieren können, während sie auf Perlen chanten. Wir schreiben daher nur ein Mindestmaß an Runden vor. Śrīla Bhaktisiddhānta Sarasvatī Ṭhākura pflegte indes zu sagen, daß man als gefallen zu betrachten sei (*patita*), wenn man nicht mindestens 64 Runden *japa* (110 592 Namen) chante. Aus dieser Sicht ist so gut wie jeder von uns gefallen, doch weil wir versuchen, dem Höchsten Herrn mit aller Ernsthaftigkeit und ohne Falschheit zu dienen, können wir die Barmherzigkeit Śrī Caitanya Mahāprabhus erwarten, der als *patita pāvana* oder der Befreier der Gefallenen berühmt ist.

Als Śrī Satyarāja Khān, ein großer Geweihter Śrī Caitanya Mahāprabhus, den Herrn fragte, woran ein Vaiṣṇava zu erkennen sei, antwortete der Herr:

prabhu kahe, – „yāṅra mukhe śuni eka-bāra
kṛṣṇa-nāma, sei pūjya, – śreṣṭha sabākāra"

„Wenn man jemanden nur einmal das Wort ‚Kṛṣṇa' sagen hört, soll er als der Beste unter den gewöhnlichen Menschen angesehen werden." (*Cc. Madhya* 15.106)

Śrī Caitanya Mahāprabhu fuhr fort:

„ataeva yāṅra mukhe eka kṛṣṇa-nāma
sei ta' vaiṣṇava, kariha tāṅhāra sammāna"

„Wer daran Interesse zeigt, den heiligen Namen Kṛṣṇas zu chanten, oder wer durch Übung am Chanten von Kṛṣṇas Namen Freude findet, soll als Vaiṣṇava anerkannt werden und man soll ihm zumindest im Geist Achtung erweisen." (*Cc. Madhya* 15.111)

Einer unserer Freunde, ein berühmter englischer Musiker, fühlt sich zum Chanten der heiligen Namen Kṛṣṇas hingezogen, und selbst auf seinen Schallplatten hat er den heiligen Namen Kṛṣṇas mehrere Male erwähnt. Zu Hause erweist er Bildern Kṛṣṇas und auch den Predigern des Kṛṣṇa-Bewußtseins Achtung. In jeder Hinsicht hat er eine sehr hohe Wertschätzung für Kṛṣṇas Namen und Kṛṣṇas Taten; wir erweisen ihm daher ohne Vorbehalt unsere Achtung, denn wir sehen tatsächlich, daß dieser junge Mann nach und nach im Kṛṣṇa-Bewußtsein fortschreitet. Einen solchen Menschen sollte man stets respektieren. Die Schlußfolgerung lautet, daß jeder, der im Kṛṣṇa-Bewußtsein fortzuschreiten versucht, indem er regelmäßig den heiligen Namen chantet, von Vaiṣṇavas stets geachtet werden soll. Auf der anderen Seite haben wir beobachtet, daß einige unserer Zeitgenossen, von denen man sagt, sie seien große Prediger, allmählich in die materielle Auffassung vom Leben zurückgesunken sind, weil sie es versäumt haben, den heiligen Namen des Herrn zu chanten.

Während Śrī Caitanya Mahāprabhu Sanātana Gosvāmī Unterweisungen erteilte, gliederte Er den hingebungsvollen Dienst in drei Kategorien.

śāstra-yukti nāhi jāne dṛḍha, śraddhāvān
'madhyama-adhikārī' sei mahā-bhāgyavān

„Jemand, dessen schlüssiges Wissen aus den *śāstras* nicht sehr stark ist, der aber festen Glauben an das Chanten des Hare Kṛṣṇa *mahā-mantra* entwickelt hat und auch in der Ausübung seines vorgeschriebenen hingebungsvollen Dienstes unbeirrt ist, sollte als *madhyama-adhikārī* betrachtet werden. Ein solcher Mensch ist sehr vom Glück begünstigt." (*Cc. Madhya* 22.67)

Ein *madhyama-adhikārī* ist ein *śraddhāvān*, das heißt jemand, der unerschütterlichen Glauben besitzt, und er ist in der Tat ein

Anwärter für weiteren Fortschritt im hingebungsvollen Dienst. Im *Caitanya-caritāmṛta* (*Madhya* 22.64) heißt es daher:

śraddhāvān jana haya bhakti-adhikārī
,uttama', ,madhyama', ,kaniṣṭha' – śraddhā-anusārī

„Je nach der Entwicklung von *śraddhā* (Glauben) qualifiziert man sich als Gottgeweihter auf der Elementarstufe, der Zwischenstufe und der höchsten Stufe des hingebungsvollen Dienstes." Weiter heißt es im *Caitanya-caritāmṛta* (*Madhya* 22.62)

,śraddhā'-śabde – viśvāsa kahe sudṛḍha niścaya
kṛṣṇe bhakti kaile sarva-karma kṛta haya

„,Indem man Kṛṣṇa transzendentalen Dienst leistet, führt man gleichzeitig alle untergeordneten Tätigkeiten aus.' Dieser vertrauensvolle, feste Glaube, der für die Ausführung des hingebungsvollen Dienstes hilfreich ist, heißt *śraddhā*." *Śraddhā* oder Glaube an Kṛṣṇa ist der Beginn des Kṛṣṇa-Bewußtseins. Glaube bedeutet starker Glaube. Die Worte der *Bhagavad-gītā* sind maßgebliche Unterweisungen für gläubige Menschen, und was immer Kṛṣṇa in der *Bhagavad-gītā* sagt, muß ohne Interpretation so angenommen werden, wie es ist. Auf diese Weise nahm Arjuna die *Bhagavad-gītā* an. Nachdem Arjuna die *Bhagavad-gītā* gehört hatte, sagte er zu Kṛṣṇa: *sarvam etad ṛtaṁ manye yan māṁ vadasi keśava*. „O Kṛṣṇa, alles, was Du mir gesagt hast, akzeptiere ich vollkommen als Wahrheit." (*Bg*. 10.14)

Dies ist die richtige Art und Weise, die *Bhagavad-gītā* zu verstehen, und man nennt dies *śraddhā*. Man darf nicht einen Teil der *Bhagavad-gītā* seiner launenhaften Auslegung gemäß annehmen und dann einen anderen Teil ablehnen. Das ist nicht *śraddhā*. *Śraddhā* bedeutet, die Unterweisung der *Bhagavad-gītā* in ihrer Gesamtheit anzuerkennen, insbesondere die letzte Unterweisung: *sarva-dharmān parityajya mām ekaṁ śaraṇaṁ vraja*. „Gib alle Arten von Religion auf, und ergib dich einfach Mir." (*Bg*. 18.66)

Wenn man hinsichtlich dieser Anweisung volles Vertrauen entwikkelt, wird dieser starke Glaube zur Grundlage des Fortschritts im spirituellen Leben.

Wenn man völlig im Chanten des Hare Kṛṣṇa *mahā-mantra* aufgeht, erkennt man nach und nach die eigene spirituelle Identität. Solange man den Hare Kṛṣṇa *mantra* nicht vertrauensvoll chantet, offenbart sich Kṛṣṇa nicht: *sevonmukhe hi jihvādau svayam eva sphuraty adaḥ.* (*Bh.r.s.* 1.2.234) Wir können den Höchsten Persönlichen Gott nicht durch künstliche Mittel erkennen. Wir müssen uns vertrauensvoll im Dienst des Herrn betätigen. Solcher Dienst beginnt mit der Zunge (*sevonmukhe hi jihvādau*), was bedeutet, daß wir stets die heiligen Namen des Herrn chanten und *kṛṣṇa-prasāda* essen sollen. Wir sollten nichts anderes chanten oder essen. Wenn man sich vertrauensvoll an diesen Vorgang hält, offenbart sich der Höchste Herr dem Gottgeweihten.

Wenn jemand erkennt, daß er ein ewiger Diener Kṛṣṇas ist, verliert er das Interesse an allem außer Kṛṣṇas Dienst. Indem er immer an Kṛṣṇa denkt und Mittel und Wege ersinnt, den heiligen Namen Kṛṣṇas zu verbreiten, versteht er, daß seine einzige Aufgabe darin besteht, die Bewegung für Kṛṣṇa-Bewußtsein auf der ganzen Welt zu verbreiten. Ein solcher Mensch ist als *uttama-adhikārī* anzuerkennen, und gemäß den sechs Vorgängen (*dadāti pratigṛhṇāti* und so fort) sollte man seine Gemeinschaft sogleich annehmen. Ja, der fortgeschrittene *uttama-adhikārī*-Vaiṣṇava-Geweihte sollte als ein spiritueller Meister angenommen werden. Aller Besitz sollte ihm angeboten werden, denn es ist vorgeschrieben, daß man alles Hab und Gut dem spirituellen Meister übergeben soll. Von einem *brahmacārī* erwartet man insbesondere, daß er von anderen Almosen erbittet und sie dem spirituellen Meister bringt. Man sollte indes nicht das Verhalten eines fortgeschrittenen Gottgeweihten oder *mahā-bhāgavata* nachahmen, ohne selbstverwirklicht zu sein, denn durch solche Nachahmung wird man schließlich zu Fall kommen.

Im vorliegenden Vers rät Śrīla Rūpa Gosvāmī dem Gottgeweihten, intelligent genug zu sein, zwischen einem *kaniṣṭha-adhikārī*, einem *madhyama-adhikārī* und einem *uttama-adhikārī* zu unterscheiden. Der Gottgeweihte soll auch seine eigene Stellung erkennen und nicht versuchen, einen Gottgeweihten auf einer höheren Stufe nachzuahmen. Śrīla Bhaktivinoda Ṭhākura hat uns einige praktische Hinweise gegeben, die darauf hinauslaufen, daß ein *uttama-adikārī* Vaiṣṇava daran zu erkennen ist, daß er viele gefallene Seelen zum Vaiṣṇavatum bekehren kann. Man sollte kein spiritueller Meister werden, solange man nicht die Ebene des *uttama-adhikārī* erreicht hat. Ein Vaiṣṇava-Neuling oder ein Vaiṣṇava auf der Zwischenstufe kann ebenfalls Schüler annehmen, doch solche Schüler müssen sich auf der gleichen Ebene befinden, und man sollte verstehen, daß sie unter seiner unzulänglichen Führung keine sehr großen Fortschritte auf dem Pfad zum endgültigen Ziel des Lebens machen können. Ein Schüler soll daher darauf achten, einen *uttama-adhikārī* als spirituellen Meister anzunehmen.

Sechster Vers

दृष्टैः स्वभावजनितैर्वपुषश्च दोषैर्
न प्राकृतत्वमिह भक्त जनस्य पश्येत् ।
गङ्गाम्भसां न खलु बुद्बुदफेनपङ्कैर्
ब्रह्मद्रवत्वमपगच्छति नीरधर्मैः ॥

dṛṣṭaiḥ svabhāva-janitair vapuṣaś ca doṣair
na prākṛtatvam iha bhakta-janasya paśyet
gaṅgāmbhasāṁ na khalu budbuda-phena-paṅkair
brahma-dravatvam apagacchati nīra-dharmaiḥ

dṛṣṭaiḥ – mit gewöhnlichen Augen betrachtet; *svabhāva-janitaiḥ* – aus dem eigenen Wesen geboren; *vapuṣaḥ* – des Körpers; *ca* – und; *doṣaiḥ* – durch Fehler; *na* – nicht; *prākṛtatvam* – der Zustand, materiell zu sein; *iha* – in dieser Welt; *bhakta-janasya* – eines reinen Gottgeweihten; *paśyet* – man soll sehen; *gaṅgā-ambhasām* – des Wassers der Gaṇgā; *na* – nicht; *khalu* – gewiß; *budbuda-phena-paṅkaiḥ* – durch Blasen, Schaum und Schlamm; *brahma-dravatvam* – die transzendentale Natur; *apagacchati* – wird verdorben; *nīra-dharmaiḥ* – die Eigenschaften des Wassers.

Da sich ein reiner Gottgeweihter in seiner ursprünglichen Kṛṣṇa-bewußten Stellung befindet, setzt er sich nicht mit dem Körper gleich. Einen solchen Gottgeweihten soll man nicht aus einem materialistischen Blickwinkel betrachten. Man sollte sogar darüber hinwegsehen, daß ein Gottgeweihter einen Körper hat, der in einer niedrigen Familie geboren wurde, einen Körper

mit einer schlechten Hauttönung, einen verunstalteten Körper oder einen kranken oder schwächlichen Körper. Von einem gewöhnlichen Standpunkt aus betrachtet mögen solche Unvollkommenheiten im Körper eines reinen Gottgeweihten hervorstechen, doch trotz solch scheinbarer Mängel kann der Körper eines reinen Gottgeweihten nicht verunreinigt werden. Es verhält sich genau so wie mit dem Wasser der Gaṅgā, das bisweilen während der Regenzeit voller Blasen, Schaum und Schlamm ist. Das Gaṅgāwasser wird nicht verunreinigt. Diejenigen, die im spirituellen Verständnis fortgeschritten sind, werden in der Gaṅgā baden, ohne den Zustand des Wassers in Betracht zu ziehen.

ERLÄUTERUNG: *Śuddha-bhakti,* die Tätigkeit der reinen Seele – oder anders ausgedrückt, die Betätigung im transzendentalen liebevollen Dienst des Herrn – wird im befreiten Zustand ausgeführt. In der *Bhagavad-gītā* (14.26) heißt es:

māṁ ca yo 'vyabhicāreṇa
bhakti-yogena sevate
sa guṇān samatītyaitān
brahma-bhūyāya kalpate

„Wer sich völlig im hingebungsvollen Dienst beschäftigt und unter keinen Umständen abweicht, transzendiert sogleich die Erscheinungsweisen der materiellen Natur und erreicht so die Ebene des Brahman."

Avyabhicāriṇī bhakti bedeutet unvermischte Hingabe. Wer sich im hingebungsvollen Dienst betätigt, muß von materiellen Beweggründen frei sein. In dieser Bewegung für Kṛṣṇa-Bewußtsein muß sich das Bewußtsein des Schülers wandeln. Wenn sich das Bewußtsein auf materielle Freude richtet, ist es materielles Bewußtsein, und wenn es darauf hinzielt, Kṛṣṇa zu dienen, ist es Kṛṣṇa-Bewußtsein. Eine ergebene Seele dient Kṛṣṇa ohne materielle Erwägungen (*anyābhilāṣitā-śūnyam; Bh.r.s.* 1.1.11) *Jñāna-karmādy-anāvṛtam:* „Reiner hingebungsvoller Dienst, der transzendental zu den Tätigkeiten des Körpers und des Geistes ist – wie *jñāna* (gedankliche Spekulation) und *karma* (fruchtbringende Arbeit), wird als reiner *bhakti-yoga* bezeichnet." *Bhakti-yoga* ist die eigentliche Tätigkeit der Seele, und wenn man sich tatsächlich im ungetrübten und unvermischten hingebungsvollen Dienst beschäftigt, ist man bereits befreit (*sa guṇān samatītyaitān; Bg.* 14.26). Kṛṣṇas Geweihter ist materiellen Bedingungen nicht unterworfen, selbst wenn seine körperlichen Merkmale materiell bedingt zu sein scheinen. Man sollte daher einen reinen Gottgeweihten nicht mit materialistischen Augen betrachten. Solange man nicht wirklich ein Gottgeweihter ist, kann man einen anderen Gottgeweihten nicht in vollkommener Weise sehen. Wie im vorangegangenen Vers erklärt wurde, gibt es drei Arten von Gottgeweihten – *kaniṣṭha-adhikārī, madhyama-adhikārī* und *uttama-adhikārī*. Der *kaniṣṭha-adhikārī* kann nicht zwischen einem Gottgeweihten und einem Nichtgottgeweihten unterscheiden. Er beschäftigt sich nur mit der Verehrung der Bildgestalt Gottes im Tempel. Ein *madhyama-adhikārī* hingegen vermag zwischen einem Gottgeweihten und einem Nichtgottgeweihten sowie einem Gottgeweihten und dem Herrn zu unterscheiden. Er behandelt daher den Höchsten Persönlichen Gott, den Gottgeweihten und den Nichtgottgeweihten unterschiedlich.

Niemand soll über die körperlichen Mängel eines reinen Gottgeweihten abfällig urteilen. Wenn es solche Mängel gibt, sollte man sie übersehen. Was aber beachtet werden sollte, ist die Hauptaufgabe des spirituellen Meisters, nämlich hingebungsvoller Dienst, reiner Dienst für den Höchsten Herrn. In der *Bhagavad-gītā* (9.30) heißt es hierzu:

api cet sudurācāro
bhajate mām ananya-bhāk
sādhur eva sa mantavyaḥ
samyag vyavasito hi saḥ

„Selbst wenn jemand die abscheulichsten Handlungen begeht,

muß er, wenn er sich im hingebungsvollen Dienst betätigt, als Heiliger angesehen werden, da er mit Entschlossenheit das richtige Ziel anstrebt." Mit anderen Worten, er darf nicht als gewöhnlicher Mensch betrachtet werden. Auch wenn ein reiner Gottgeweihter nicht in einer *brāhmaṇa-* oder *gosvāmī*-Familie geboren wurde, sollte er nicht mißachtet werden, wenn er im Dienst des Herrn tätig ist. In Wirklichkeit kann es keine Familie von *gosvāmīs* auf der Grundlage materieller Erwägungen, von Kaste oder Vererbung geben. Der Titel *gosvāmī* ist im Grunde der Alleinbesitz der reinen Gottgeweihten; wir sprechen daher von den Sechs Gosvāmīs, angeführt von Rūpa Gosvāmī und Sanātana Gosvāmī. Rūpa Gosvāmī und Sanātana Gosvāmī waren praktisch zu Mohammedanern geworden und hatten daher ihre Namen in Dabira Khāsa und Sākara Mallika geändert, doch Śrī Caitanya Mahāprabhu Selbst machte sie zu *gosvāmīs*. Der Titel *gosvāmī* ist daher nicht erblich. Das Wort *gosvāmī* bezieht sich auf jemanden, der seine Sinne beherrschen kann, also ein Meister seiner Sinne ist. Ein Gottgeweihter wird nicht durch seine Sinne beherrscht, sondern seine Sinne werden von ihm beherrscht. Man muß ihn daher als *svāmī* oder *gosvāmī* bezeichnen, auch wenn er nicht in einer *gosvāmī*-Familie geboren wurde. Nach dieser Feststellung sind die *gosvāmīs,* die Nachkommen Śrī Nityānanda Prabhus und Śrī Advaita Prabhus sind, zweifellos Gottgeweihte, doch Gottgeweihte, die anderen Familien entstammen, dürfen ihnen gegenüber nicht benachteiligt werden; sie müssen gleich behandelt werden, ob sie nun aus einer Familie vorangegangener *ācāryas* oder aus einer gewöhnlichen Familie stammen. Man sollte nicht denken: „O, hier ist ein amerikanischer *gosvāmī*" und ihn benachteiligen, noch sollte man denken: „Hier ist ein Nityānanda-*vaṁśa-gosvāmī.*" Es gibt eine Strömung des Protests gegen unsere Verleihung des Titels *gosvāmī* an die amerikanischen Vaiṣṇavas der Bewegung für Kṛṣṇa-Bewußtsein. Bisweilen sagen Leute den amerikanischen Gottgeweihten auf den Kopf zu, ihr *sannyāsa* oder ihr *gosvāmī*-Titel besitze keine Gültigkeit. Nach den Feststellungen Śrīla Rūpa Gosvāmīs im vorliegenden Vers jedoch sind ein amerikanischer *gosvāmī* und ein *gosvāmī* aus einer Familie von *ācāryas* nicht voneinander verschieden.

Auf der anderen Seite sollte ein Gottgeweihter, der den Titel *gosvāmī* erworben hat, jedoch nicht von einem *brāhmaṇa*-Vater oder von einem *gosvāmī* in der Familie Nityānandas oder Advaita Prabhus gezeugt wurde, nicht künstlich hochmütig sein und denken, er sei ein *gosvāmī* geworden. Er sollte sich stets daran erinnern, daß er sogleich zu Fall kommt, sobald er materiellen Stolz entwickelt. Die Bewegung für Kṛṣṇa-Bewußtsein ist eine transzendentale Wissenschaft, und es gibt dort keinen Raum für Neid. Diese Bewegung ist für *paramahaṁsas* bestimmt, die völlig frei von aller Mißgunst sind (*paramaṁ nirmatsarāṇām*). Niemand sollte mißgünstig sein, ganz gleich ob er in einer Familie von *gosvāmīs* geboren oder ihm der Titel *gosvāmī* verliehen wurde. Sobald jemand neidisch wird, fällt er von der Stufe des *paramahaṁsa*. Wir sollten verstehen, daß wir uns eines Vergehens gegen die Lotosfüße eines Vaiṣṇava schuldig machen, wenn wir seinen körperlichen Mängeln Bedeutung beimessen. Ein Vergehen gegen die Lotosfüße eines Vaiṣṇava ist sehr schwerwiegend. Ja, Śrī Caitanya Mahāprabhu hat dieses Vergehen als *hātī-mātā* bezeichnet, „das Vergehen des tollwütigen Elefanten". Ein tollwütiger Elefant kann großen Schaden anrichten, insbesondere wenn er in einen schön gepflegten Garten einbricht. Man sollte daher sehr vorsichtig sein, kein Vergehen gegen einen Vaiṣṇava zu begehen. Jeder Gottgeweihte sollte bereit sein, von einem höhergestellten Vaiṣṇava Unterweisungen entgegenzunehmen, und ein höhergestellter Vaiṣṇava muß bereit sein, einem untergeordneten Vaiṣṇava in jeder Hinsicht zu helfen. Je nach seiner spirituellen Entwicklung im Kṛṣṇa-Bewußtsein gilt jemand als höhergestellt oder untergeordnet. Es ist verboten, die Handlungen eines reinen Vaiṣṇava von einem materiellen Standpunkt aus zu betrachten. Vor allem für den Neuling ist es sehr schädlich, einen reinen Gottgeweihten nach materiellen Gesichtspunkten zu beurteilen. Man sollte es daher vermeiden, einen reinen Gottgeweihten bloß äußerlich wahrzunehmen, sondern vielmehr versuchen, die inneren Merkmale zu sehen und zu verstehen, wie er im transzendentalen liebevollen Dienst des Herrn tätig ist. Auf diese Weise kann man es verhindern, den reinen Gottgeweihten mit materialistischen Augen zu betrachten, und kann so allmählich selbst ein geläuterter Gottgeweihter werden.

Diejenigen, die glauben, Kṛṣṇa-Bewußtsein beschränke sich auf eine bestimmte Gruppe von Menschen, eine bestimmte Gruppe von Geweihten oder einen bestimmten Landstrich, neigen im Allgemeinen dazu, die äußeren Merkmale des Gottgeweihten zu sehen. Da solche Neulinge den erhabenen Dienst des fortgeschrittenen Gottgeweihten nicht zu schätzen wissen, versuchen sie, den *mahā-bhāgavata* auf ihre Stufe herabzuziehen. Wir begegnen dieser Schwierigkeit bei der Verbreitung des Kṛṣṇa-Bewußtseins auf der ganzen Welt. Unglücklicherweise sind wir von novizenhaften Gottbrüdern umgeben, die die außergewöhnliche Tätigkeit der Verbreitung des Kṛṣṇa-Bewußtseins auf der ganzen Welt nicht zu schätzen wissen. Sie versuchen nur, uns auf ihre Stufe herabzuziehen, und sie versuchen, uns in jeder Beziehung zu kritisieren. Wir bedauern ihr naives Verhalten und ihr geringes Wissen sehr. Wer ermächtigt und tatsächlich im vertraulichen Dienst des Herrn tätig ist, darf nicht als gewöhnlicher Mensch behandelt werden, denn man kann die Bewegung für Kṛṣṇa-Bewußtsein nicht auf der ganzen Welt verbreiten, ohne von Kṛṣṇa dazu ermächtigt zu sein.

Wenn man daher einen reinen Gottgeweihten kritisiert, macht man sich eines Vergehens schuldig (*vaiṣṇava-aparādha*), das für diejenigen, die im Kṛṣṇa-Bewußtsein fortzuschreiten wünschen, sehr hinderlich und gefährlich ist. Niemand kann einen spirituellen Nutzen gewinnen, wenn er die Lotosfüße eines Vaiṣṇava beleidigt. Jeder sollte sich daher sehr davor hüten, einen ermächtigten Vaiṣṇava oder *śuddha-vaiṣṇava* zu beneiden. Es ist auch ein Vergehen zu glauben, man dürfe einen ermächtigten Vaiṣṇava zurechtweisen. Der Versuch, ihm Ratschläge zu erteilen oder ihn zu berichtigen, ist beleidigend. Man kann zwischen einem Vaiṣṇava-Neuling und einem fortgeschrittenen Vaiṣṇava anhand ihrer

Tätigkeiten unterscheiden. Der fortgeschrittene Vaiṣṇava nimmt immer die Stellung des spirituellen Meisters ein, und der Neuling wird immer als sein Schüler betrachtet. Der spirituelle Meister ist nicht auf die Ratschläge eines Schülers angewiesen, noch ist er verpflichtet, von denen, die nicht seine Schüler sind, Unterweisungen entgegenzunehmen. Dies ist die Essenz des Ratschlags, den uns Śrīla Rūpa Gosvāmī im sechsten Vers erteilt.

Siebter Vers

स्यात्कृष्णनामचरितादिसिताप्यविद्या-
पित्तोपतप्तरसनस्य न रोचिका नु ।
किन्त्वादरादनुदिनं खलु सैव जुष्टा
स्वाद्वी क्रमाद्भवति तद्गदमूलहन्त्री ॥

syāt kṛṣṇa-nāma-caritādi-sitāpy avidyā-
pittopatapta-rasanasya na rocikā nu
kintv ādarād anudinaṁ khalu saiva juṣṭā
svādvī kramād bhavati tad-gada-mūla-hantrī

syāt – ist; *kṛṣṇa* – Śrī Kṛṣṇas; *nāma* – der heilige Name; *carita-ādi* – Charakter, Spiele und so fort; *sitā* – Kandiszucker; *api* – obwohl; *avidyā* – der Unwissenheit; *pitta* – durch die Galle; *upatapta* – beeinflußt; *rasanasya* – der Zunge; *na* – nicht; *rocikā* – wohlschmekkend; *nu* – o, wie wunderbar ist es; *kintu* – aber; *ādarāt* – sorgfältig; *anudinam* – jeden Tag oder 24 Stunden täglich; *khalu* – naturgemäß; *sā* – dieser (Kandiszucker des heiligen Namens); *eva* – gewiß; *juṣṭā* – genommen oder gechantet; *svādvī* – wohlschmeckend; *kramāt* – allmählich; *bhavati* – wird; *tat-gada* – dieser Krankheit; *mūla* – der Wurzel; *hantrī* – der Zerstörer.

Der heilige Name, der Charakter, die Spiele und Taten Kṛṣṇas sind alle transzendental süß wie Kandiszucker. Obwohl die Zunge eines von der Gelbsucht der avidyā [Unwissenheit] Befallenen nichts Süßes zu schmecken vermag, ist es wunderbar, daß einfach durch das tägliche sorgsame Chanten dieser süßen

Namen ein natürlicher Geschmack auf der Zunge erwacht und seine Krankheit allmählich an der Wurzel zerstört wird.

ERLÄUTERUNG: Der heilige Name Śrī Kṛṣṇas, Seine Eigenschaften, Spiele und so fort sind alle von Natur aus absolute Wahrheit, Schönheit und Glückseligkeit. Naturgemäß sind sie sehr süß – wie Kandiszucker, den jeder mag. Unwissenheit jedoch wird mit Gelbsucht verglichen, die durch Gallenabsonderung verursacht wird. Von Gelbsucht befallen vermag die Zunge eines Kranken die Süße des Kandiszuckers nicht zu kosten. Vielmehr schmeckt für einen Gelbsuchtkranken Süßes sehr bitter. *Avidyā* (Unwissenheit) verzerrt in ähnlicher Weise die Fähigkeit, den Namen, die Eigenschaften, die Form und die Spiele Kṛṣṇas, die alle transzendental wohlschmekkend sind, zu kosten. Wenn sich jemand trotz dieser Krankheit mit großer Sorgfalt und Aufmerksamkeit dem Kṛṣṇa-Bewußtsein zuwendet, den heiligen Namen chantet und über Kṛṣṇas transzendentale Spiele hört, wird seine Unwissenheit zerstört und seine Zunge befähigt, die Süße der transzendentalen Natur Kṛṣṇas und alles zu Ihm Gehörenden zu kosten. Eine solche Erneuerung spiritueller Gesundheit ist nur durch die regelmäßige Kultivierung des Kṛṣṇa-Bewußtseins möglich. Wenn jemand in der materiellen Welt mehr Interesse an der materialistischen Lebensweise als am Kṛṣṇa-Bewußtsein zeigt, befindet er sich in einem krankhaften Zustand. Es ist der normale Zustand, ein ewiger Diener des Herrn zu bleiben (*jīvera ‚svarūpa' haya – kṛṣṇera ‚nitya-dāsa'; Cc. Madhya* 20.108). Dieser gesunde Zustand geht verloren, wenn das Lebewesen Kṛṣṇa vergißt, weil es sich zu den äußeren Manifestationen der *māyā*-Energie Kṛṣṇas hingezogen fühlt. Diese Welt der *māyā* heißt *durāśraya,* was „trügerischer oder schlechter Schutz" bedeutet. Wer seinen Glauben in *durāśraya* setzt, wird ein Kandidat für vergebliche Hoffnung. In der materiellen Welt versuch jeder, glücklich zu werden, und obwohl die materiellen Versuche der Menschen in jeder Hinsicht scheitern, können sie wegen ihrer Unwissenheit ihre Fehler nicht begreifen. Sie versuchen, einen Fehler zu berichtigen, indem sie einen weiteren Fehler begehen. So verläuft der Kampf ums Dasein in der materiellen Welt. Wenn man jemandem in diesem Zustand rät, sich dem Kṛṣṇa-Bewußtsein zuzuwenden und glücklich zu sein, nimmt er solche Unterweisungen nicht an.

Die Bewegung für Kṛṣṇa-Bewußtsein wird auf der ganzen Welt verbreitet, nur um diese grobe Unwissenheit zu heilen. Menschen im Allgemeinen werden durch blinde Führer in die Irre geleitet. Die Führer der menschlichen Gesellschaft – die Politiker, Philosophen und Wissenschaftler – sind blind, weil sie nicht Kṛṣṇa-bewußt sind. Gemäß der *Bhagavad-gītā* sind sie im Grunde sündhafte Schurken und die Niedrigsten unter den Menschen, weil sie aufgrund ihrer atheistischen Lebensweise allen tatsächlichen Wissens beraubt sind. Kṛṣṇa sagt:

na māṁ duṣkṛtino mūḍhāḥ
prapadyante narādhamāḥ
māyayāpahṛta-jñānā
āsuraṁ bhāvam āśritāḥ

„Jene gottlosen Menschen, die abgestumpft und dumm sind, die die Niedrigsten der Menschheit sind, deren Wissen von Illusion gestohlen ist und die das atheistische Wesen von Dämonen haben, ergeben sich Mir nicht.“ (*Bg*. 7.15)

Solche Menschen ergeben sich Kṛṣṇa nie, und sie widersetzen sich der Bemühung derer, die bei Kṛṣṇa Zuflucht suchen wollen. Wenn solche Atheisten Führer der Gesellschaft werden, ist die gesamte Atmosphäre mit Unwissenheit durchtränkt. In einem solchen Zustand nehmen die Menschen die Bewegung für Kṛṣṇa-Bewußtsein nicht mit großer Begeisterung auf, ebenso wie ein Gelbsuchtkranker den Geschmack des Kandiszuckers nicht schätzt. Man muß jedoch wissen, daß bei Gelbsucht Kandiszucker das einzige Heilmittel ist. In ähnlicher Weise ist im gegenwärtigen verwirrten Zustand der Menschheit Kṛṣṇa-Bewußtsein oder das Chanten der heiligen Namen des Herrn – Hare Kṛṣṇa, Hare Kṛṣṇa, Kṛṣṇa Kṛṣṇa, Hare Hare / Hare Rāma, Hare Rāma, Rāma Rāma,

Hare Hare – das einzige Heilmittel, die Welt in Ordnung zu bringen. Obwohl Kṛṣṇa-Bewußtsein für einen Kranken nicht sehr wohlschmeckend sein mag, weist uns Śrīla Rūpa Gosvāmī an, es mit großer Sorgfalt und Aufmerksamkeit anzunehmen, wenn wir von der materiellen Krankheit geheilt werden wollen. Man beginnt die Behandlung mit dem Chanten des Hare Kṛṣṇa *mahā-mantra*, denn durch das Chanten dieser heiligen Namen des Herrn wird ein Mensch im materiellen Zustand von allen Mißverständnissen befreit (*ceto-darpaṇa-mārjanam; Cc. Antya* 20.12). *Avidyā*, eine falsche Vorstellung von der eigenen spirituellen Identität, schafft die Voraussetzung für *ahaṅkāra* oder das falsche Ich im Herzen.

Die eigentliche Krankheit liegt im Herzen. Wenn der Geist jedoch gereinigt ist, wenn das Bewußtsein geläutert ist, kann die materielle Krankheit keinen Schaden anrichten. Um den Geist und das Herz von allen falschen Vorstellungen zu reinigen, sollte man sich dem Chanten des Hare Kṛṣṇa *mahā-mantra* zuwenden. Das ist sowohl einfach als auch nützlich. Durch das Chanten der heiligen Namen des Herrn wird man sogleich vom lodernden Feuer des materiellen Daseins befreit.

Es gibt drei Stufen beim Chanten des heiligen Namens des Herrn – die Stufe der Vergehen, die Stufe der abnehmenden Vergehen und die Stufe der Reinheit. Wenn ein Neuling mit dem Chanten des Hare Kṛṣṇa *mantra* beginnt, begeht er gewöhnlich viele Vergehen. Es gibt zehn grundlegende Vergehen, und wenn der Gottgeweihte diese vermeidet, kann er die nächste Stufe erahnen, die zwischen dem Chanten mit Vergehen und dem reinen Chanten liegt. Wenn man die reine Stufe erreicht, ist man sogleich befreit. Man nennt dies *bhava-mahā-dāvāgni-nirvāpanam* (*Śikṣ.* 1). Sobald man vom lodernden Feuer des materiellen Daseins befreit ist, kann man den Geschmack des transzendentalen Lebens kosten.

Die Schlußfolgerung lautet, daß man mit dem Chanten des Hare Kṛṣṇa *mantra* beginnen muß, um von der materiellen Krankheit geheilt zu werden. Die Bewegung für Kṛṣṇa-Bewußtsein ist insbesondere dafür bestimmt, eine Atmosphäre zu schaffen, in der die Menschen sich dem Chanten des Hare Kṛṣṇa *mantra* zuwenden können. Man muß mit Glauben beginnen, und wenn dieser Glaube durch das Chanten wächst, kann jemand ein Mitglied dieser Gesellschaft werden. Wir senden *saṅkīrtana*-Gruppen in alle Teile der Welt, und sie machen die Erfahrung, daß selbst in den entlegensten Gebieten, wo niemand etwas von Kṛṣṇa weiß, der Hare Kṛṣṇa *mahā-mantra* auf Tausende von Menschen so anziehend wirkt, daß sie in unsere Gemeinschaft kommen. In einigen Gegenden beginnen Menschen die Gottgeweihten nachzuahmen, indem sie sich die Köpfe rasieren und den Hare Kṛṣṇa *mahā-mantra* chanten, nur ein paar Tage, nachdem sie den *mantra* gehört haben. Es mag dies Imitation sein, doch die Nachahmung einer guten Sache ist erwünscht. Manche Nachahmer werden nach und nach daran interessiert, durch den spirituellen Meister eingeweiht zu werden, und bieten sich zur Einweihung an.

Wenn jemand aufrichtig ist, wird er eingeweiht. Diese Stufe nennt man *bhajana-kriyā*. Sodann betätigt man sich tatsächlich im Dienst des Herrn, indem man regelmäßig den Hare Kṛṣṇa *mahā-mantra* chantet, und zwar sechzehn Runden täglich, und von unerlaubten Geschlechtsbeziehungen, Rauschmitteln, dem Essen von Fleisch und Glücksspielen Abstand nimmt. Durch *bhajana-kriyā* erreicht man Freiheit von der Verunreinigung des materialistischen Lebens. Man geht nicht länger in ein Restaurant oder Hotel, um sogenannte wohlschmeckende Speisen zu kosten, die mit Fleisch und Zwiebeln zubereitet sind, noch schert man sich um das Rauchen von Tabak oder das Trinken von Tee oder Kaffee. Man nimmt nicht nur von unzulässigen Geschlechtsbeziehungen Abstand, sondern meidet das Geschlechtsleben völlig. Auch zeigt man kein Interesse daran, seine Zeit mit Spekulation oder Glücksspiel zu verschwenden. Auf diese Weise wird man von unerwünschten Dingen (*anartha-nivṛtti*) gereinigt. Das Wort *anartha* bezieht sich auf unerwünschte Dinge. *Anarthas* werden beseitigt, wenn man Zuneigung für Kṛṣṇa-Bewußtsein entwickelt.

Wenn jemand von unerwünschten Dingen befreit ist, wird er

in der Ausübung seiner „Kṛṣṇa-Tätigkeiten" gefestigt. Ja, er entwickelt sogar Anhaftung an solche Tätigkeiten und erfährt bei der Ausübung hingebungsvollen Dienstes Ekstase. Man nennt dies *bhāva* oder das vorbereitende Erwachen der schlummernden Liebe zu Gott. So wird die bedingte Seele vom materiellen Dasein frei und verliert das Interesse an der körperlichen Auffassung vom Leben einschließlich materiellen Reichtums, materiellen Wissens und materiell verlockender Dinge aller Art. Dann kann man verstehen, wer der Höchste Persönliche Gott ist und was seine *māyā* ist.

Obwohl *māyā* gegenwärtig sein mag, kann sie einen Gottgeweihten, der die Stufe der *bhāva* erreicht hat, nicht stören. Das ist so, weil der Gottgeweihte die wahre Stellung *māyās* erkennen kann. *Māyā* bedeutet, Kṛṣṇa zu vergessen, und Kṛṣṇa zu vergessen und Kṛṣṇa-Bewußtsein stehen nebeneinander wie Licht und Schatten. Wenn man im Schatten verbleibt, kann man nicht die Privilegien genießen, die das Licht bietet, und wenn man im Licht verbleibt, kann man durch die Dunkelheit des Schattens nicht gestört werden. Indem man sich dem Kṛṣṇa-Bewußtsein zuwendet, wird man allmählich befreit und bleibt im Licht. Ja, man wird von der Dunkelheit nicht einmal berührt. Im *Caitanya-caritāmṛta* (*Madhya* 22.31) wird bestätigt:

kṛṣṇa – sūrya-sama, māyā haya andhakāra
yāhāṅ kṛṣṇa, tāhāṅ nāhi māyāra adhikāra

„Kṛṣṇa wird mit dem Sonnenlicht verglichen und *māyā* mit der Dunkelheit. Wo immer das Sonnenlicht hinfällt, kann es keine Dunkelheit geben. Sobald man sich dem Kṛṣṇa-Bewußtsein zuwendet, wird die Dunkelheit der Täuschung, der Einfluß der äußeren Energie, augenblicklich verschwinden."

Achter Vers

तन्नामरूपचरितादिसुकीर्तनानु-
स्मृत्योः क्रमेण रसनामनसी नियोज्य ।
तिष्ठन् व्रजे तदनुरागि जनानुगामी
कालं नयेदखिलमित्युपदेशसारम् ॥

tan-nāma-rūpa-caritādi-sukīrtanānu-
smṛtyoḥ krameṇa rasanā-manasī niyojya
tiṣṭhan vraje tad-anurāgi-janānugāmī
kālaṁ nayed akhilam ity upadeśa-sāram

tat – Śrī Kṛṣṇas; *nāma* – der heilige Name; *rūpa* – Gestalt; *carita-ādi* – Charakter, Spiele und so fort; *su-kīrtana* – darin, aufmerksam zu erörtern oder zu chanten; *anusmṛtyoḥ* – und darin, sich zu erinnern; *krameṇa* – allmählich; *rasanā* – die Zunge; *manasī* – und der Geist; *niyojya* – beschäftigend; *tiṣṭhan* – wohnend; *vraje* – in Vraja; *tat* – zu Śrī Kṛṣṇa; *anurāgi* – zugeneigt; *jana* – Menschen; *anugāmī* – folgend; *kālam* – Zeit; *nayet* – soll nutzen; *akhilam* – voll; *iti* – so; *upadeśa* – des Rats oder der Unterweisung; *sāram* – die Essenz.

Die Essenz aller Unterweisung lautet, daß man seine ganze Zeit – vierundzwanzig Stunden am Tag – dazu benutzen solle, den göttlichen Namen des Herrn, Seine transzendentale Gestalt, Seine Eigenschaften und ewigen Spiele aufmerksam zu besingen und sich an sie zu erinnern, wodurch man nach und nach die Zunge und den Geist beschäftigt. Auf diese Weise soll man in Vraja [Goloka Vṛndāvana-dhāma] leben und Kṛṣṇa unter der

Anleitung von Gottgeweihten dienen. Man soll in die Fußstapfen der geliebten Geweihten des Herrn treten, die sehr an Seinem hingebungsvollen Dienst hängen.

ERLÄUTERUNG: Da der Geist sowohl unser Freund als auch unser Feind sein kann, müssen wir den Geist schulen, unser Freund zu werden. Die Bewegung für Kṛṣṇa-Bewußtsein ist insbesondere dafür bestimmt, den Geist darin zu schulen, stets für Kṛṣṇa tätig zu sein. Der Geist enthält Hunderttausende von Eindrücken, nicht nur aus diesem Leben, sondern auch aus vielen, vielen Leben der Vergangenheit. Diese Eindrücke kommen bisweilen miteinander in Verbindung und erzeugen widersprüchliche Bilder. Auf diese Weise kann die Funktion des Geistes einer bedingten Seele sehr gefährlich werden. Psychologiestudenten sind sich dieser vielfältigen psychologischen Veränderungen bewußt. In der *Bhagavad-gītā* (8.6) heißt es:

yaṁ yaṁ vāpi smaran bhāvaṁ
tyajaty ante kalevaram
taṁ taṁ evaiti kaunteya
sadā tad-bhāva-bhāvitaḥ

„Was auch immer der Daseinszustand ist, an den man sich erinnert, wenn man seinen Körper verläßt, o Sohn Kuntīs, diesen Zustand wird man ohne Zweifel erreichen."

Zur Zeit des Todes schaffen der Geist und die Intelligenz eines Lebewesens die feinstoffliche Form eines bestimmten Körpers für das nächste Leben. Wenn der Geist unversehens an etwas nicht sehr Vorteilhaftes denkt, muß man im nächsten Leben einen entsprechenden Körper annehmen. Wenn man auf der anderen Seite zur Zeit des Todes an Kṛṣṇa denken kann, wird man zur spirituellen Welt, Goloka Vṛndāvana, erhoben. Dieser Vorgang der Seelenwanderung ist sehr subtil; Śrīla Rūpa Gosvāmī rät daher den Gottgeweihten, ihren Geist zu schulen, so daß sie sich an nichts anderes als Kṛṣṇa werden erinnern können. Ebenso soll die Zunge geschult werden, nur über Kṛṣṇa zu sprechen und nur *kṛṣṇa-prasāda* zu kosten. Śrīla Rūpa Gosvāmī rät des Weiteren, *tiṣṭhan vraje:* man soll in Vṛndāvana oder irgendeinem Teil Vrajabhūmis leben. Vrajabhūmi oder das Land von Vṛndāvana umfaßt ein Gebiet von etwa vierundachtzig *krośas.* Ein *krośa* entspricht 3,2 Quadratkilometern. Wenn man Vṛndāvana zu seinem Wohnort macht, sollte man bei einem ansässigen fortgeschrittenen Gottgeweihten Zuflucht suchen und so ständig an Kṛṣṇa und Seine Spiele denken. Im *Bhakti-rasāmṛta-sindhu* (1.2.294) führt Śrīla Rūpa Gosvāmī dies weiter aus:

kṛṣṇaṁ smaran janaṁ cāsya
preṣṭhaṁ nija-samīhitam
tat-tat-kathā-rataś cāsau
kuryād vāsaṁ vraje sadā

„Ein Gottgeweihter sollte stets im transzendentalen Reich von Vraja leben und sich ständig mit *kṛṣṇaṁ smaran janaṁ cāsya preṣṭham,* der Erinnerung an Kṛṣṇa und Seine geliebten Gefährten beschäftigen. Indem man den Fußspuren solcher Gefährten folgt und sich unter ihre ewige Führung stellt, kann man den starken Wunsch entwikkeln, dem Höchsten Persönlichen Gott zu dienen."

Weiter sagt Śrīla Rūpa Gosvāmī im *Bhakti-rasāmṛta-sindhu* (1.2.295):

sevā sādhaka-rūpeṇa
siddha-rūpeṇa cātra hi
tad-bhāva-lipsunā kāryā
vraja-lokānusārataḥ

„Im transzendentalen Reich von Vraja [Vraja-dhāma] sollte man dem Höchsten Herrn, Śrī Kṛṣṇa, mit einem Gefühl dienen, das dem Seiner Gefährten gleicht, und man sollte sich unter die unmittelbare Führung eines bestimmten Gefährten Kṛṣṇas stellen und in dessen Fußstapfen treten. Dieses Verfahren ist sowohl auf der Stufe des *sādhana* (spirituelle Übung, während man noch auf der Stufe der Gebundenheit steht) als auch auf der Stufe des *sādhya* (der Gotteserkenntnis) anwendbar, wenn man ein *siddha-puruṣa* oder eine spirituell vollkommene Seele ist."

Śrīla Bhaktisiddhānta Sarasvatī Ṭhākura gab zu diesem Vers folgenden Kommentar: „Wer noch kein Interesse am Kṛṣṇa-Bewußtsein entwickelt hat, sollte alle materiellen Motive aufgeben und seinen Geist schulen, indem er den zum Fortschritt verhelfenden regulierenden Prinzipien folgt, nämlich zu chanten und sich an Kṛṣṇa und Seinen Namen, Seine Gestalt, Seine Eigenschaften, Seine Spiele und so fort zu erinnern. Auf diese Weise sollte man, nachdem man einen Geschmack für solche Dinge entwickelt hat, versuchen, in Vṛndāvana zu leben und seine Zeit ständig damit zu verbringen, sich an Kṛṣṇas Namen, Seinen Ruhm, Seine Spiele und Eigenschaften unter der Führung und dem Schutz eines erfahrenen Gottgeweihten zu erinnern. Das ist die Summe und Substanz aller Unterweisungen in Bezug auf die Kultivierung hingebungsvollen Dienstes.

Auf der Stufe des Neulings sollte man stets *kṛṣṇa-kathā* hören. Man nennt dies *śravaṇa-daśā,* die Stufe des Hörens. Durch das ständige Hören von Kṛṣṇas transzendentalem heiligen Namen und durch das Hören über Seine transzendentale Gestalt, Seine Eigenschaften und Spiele, kann man die Stufe des Annehmens erreichen, die *varaṇa-daśā* genannt wird. Wenn man auf diese Stufe gelangt, entwickelt man die starke Neigung, *kṛṣṇa-kathā* zu hören. Wenn man imstande ist, in Ekstase zu chanten, erreicht man die Stufe der *smaraṇāvasthā,* die Stufe der Erinnerung. Rückbesinnung, Versenkung, Meditation, ständige Erinnerung und Trance sind die fünf Stufen fortschreitender *kṛṣṇa-smaraṇa.* Zunächst mag die Erinnerung an Kṛṣṇa in gewissen Abständen unterbrochen werden, doch später setzt sich die Erinnerung unablässig fort. Wenn die Erinnerung nicht mehr unterbrochen wird, konzentriert sie sich und wird als Meditation bezeichnet. Wenn sich die Meditation erweitert und beständig wird, nennt man dies *anusmṛti.* Durch ununterbrochene und unaufhörliche *anusmṛti* erreicht man die Stufe des *samādhi* oder der spirituellen Trance. Nachdem sich *smaraṇa-daśā* oder *samādhi* voll entwickelt hat, gelangt die Seele zum Verständnis ihrer ursprünglichen, wesenseigenen Stellung. Zu dieser Zeit kann man seine ewige Beziehung zu Kṛṣṇa vollkommen und klar verstehen. Dies wird als *sampatti-daśā* oder die Vollkommenheit des Lebens bezeichnet. Das *Caitanya-caritāmṛta* rät den Neulingen, alle Arten motivierter Wünsche aufzugeben und sich einfach den Anweisungen der Schriften gemäß im regulierten hingebungsvollen Dienst für den Herrn zu betätigen. So kann ein Neuling allmählich Anhaftung an Kṛṣṇas Namen, Ruhm, Gestalt, Eigenschaften und so fort entwickeln. Wenn man solche Anhaftung entwickelt hat, kann man spontan den Lotosfüßen Kṛṣṇas dienen, auch ohne den regulierenden Prinzipien zu folgen. Diese Stufe wird *rāga-bhakti* oder hingebungsvoller Dienst in spontaner Liebe genannt. Auf dieser Stufe kann der Gottgeweihte in die Fußstapfen eines der ewigen Gefährten Kṛṣṇas in Vṛndāvana treten. Dies wird als *rāgānuga-bhakti* bezeichnet. *Rāgānuga-bhakti* oder spontaner hingebungsvoller Dienst kann im *śānta-rasa* ausgeführt werden, wenn man danach strebt, wie Kṛṣṇas Kühe, der Stab oder die Flöte in der Hand Kṛṣṇas oder wie die Blumen um Kṛṣṇas Hals zu werden. Im *dāsya-rasa* folgt man den Fußspuren von Dienern wie Citraka, Patraka oder Raktaka. Im freundschaftlichen *sakhya-rasa* kann man ein Freund wie Baladeva, Śrīdhāmā oder Sudāmā werden. Im *vātsalya-rasa,* der sich durch elterliche Zuneigung auszeichnet, kann man wie Nanda Mahārāja und Yaśodā werden, und im *mādhurya-rasa,* der durch eheliche Liebe charakterisiert wird, kann man wie Śrīmatī Rādhārāṇī oder Ihre Freundinnen (*sakhīs*) wie Lalitā und ihre Dienerinnen (*mañjarīs*) wie Rūpa und Rati werden. Dies ist die Essenz aller Unterweisung hinsichtlich der Thematik des hingebungsvollen Dienstes."

Neunter Vers

वैकुण्ठाज्जनितो वरा मधुपुरी तत्रापि रासोत्सवाद्
वृन्दारण्यमुदारपाणिरमणात्तत्रापि गोवर्धनः ।
राधाकुण्डमिहापि गोकुलपतेः प्रेमामृताप्लावनात्
कुर्यादस्य विराजतो गिरितटे सेवां विवेकी न कः ॥

vaikuṇṭhāj janito varā madhu-purī tatrāpi rāsotsavād
vṛndāraṇyam udāra-pāṇi-ramaṇāt tatrāpi govardhanaḥ
rādhā-kuṇḍam ihāpi gokula-pateḥ premāmṛtāplāvanāt
kuryād asya virājato giri-taṭe sevāṁ vivekī na kaḥ

vaikuṇthāt – als Vaikuṇṭha, die spirituelle Welt; *janitaḥ* – wegen der Geburt; *varā* – besser; *madhu-purī* – die transzendentale Stadt, die man als Mathurā kennt; *tatra api* – höher als diese; *rāsa-utsavāt* – wegen der Durchführung des *rāsa-līlā; vṛndā-araṇyam* – der Wald von Vṛndāvana; *udāra-pāṇi* – Śrī Kṛṣṇas; *ramaṇāt* – wegen vielfältiger liebevoller Spiele; *tatra api* – höher als dieser; *govardhanaḥ* – Govardhana-Hügel; *rādhā-kuṇḍam* – der Ort, den man als Rādhā-kuṇḍa kennt; *iha api* – höher als dieser; *gokula-pateḥ* – Kṛṣṇas, des Meisters von Gokula; *prema-amṛta* – mit dem Nektar göttlicher Liebe; *āplāvanāt* – weil es überflutet wurde; *kuryāt* – würde tun; *asya* – dieser (Rādhā-kuṇḍa); *virājataḥ* – gelegen; *giri-taṭe* – am Fuß des Govardhana-Hügels; *sevām* – Dienst; *vivekī* – der intelligent ist; *na* – nicht; *kaḥ* – wer.

Der heilige Ort, der als Mathurā bekennt ist, steht spirituell höher als Vaikuṇṭha, die transzendentale Welt, weil der Herr

dort erschienen ist. Höher als Mathurā-purī steht der transzendentale Wald von Vṛndāvana, weil dort Kṛṣṇas rāsa-līlā-Spiele stattfanden. Und höher als der Wald von Vṛndāvana steht der Govardhana-Hügel, denn er wurde durch die göttliche Hand Śrī Kṛṣṇas emporgehoben und war der Schauplatz seiner vielfältigen Spiele der Liebe. Und am höchsten über allem steht der vortreffliche Śrī Rādhā-kuṇḍa, denn er wird mit der ambrosischen, nektargleichen prema des Herrn von Gokula, Śrī Kṛṣṇa, überflutet. Wo ist also der intelligente Mensch, der nicht gewillt ist, diesem göttlichen Rādhā-kuṇḍa zu dienen, der am Fuß des Govardhana-Hügels liegt?

ERLÄUTERUNG: Die spirituelle Welt umfaßt drei Viertel der gesamten Schöpfung des Höchsten Persönlichen Gottes, und sie ist der erhabenste Bereich. Die spirituelle Welt steht naturgemäß über der materiellen Welt; doch Mathurā und die angrenzenden Gebiete gelten, obwohl sie in der materiellen Welt erscheinen, höher als die spirituelle Weit, weil der Höchste Persönliche Gott Selbst in Mathurā erschien. Die inneren Wälder von Vṛndāvana gelten als höher als Mathurā, weil zu ihnen die zwölf Wälder (*dvādaśa-vana*) wie Tālavana, Madhuvana und Bahulāvana gehören, die für die vielfältigen Spiele des Herrn berühmt sind. Der innere Vṛndāvana-Wald steht daher über Mathurā, doch vortrefflicher als diese Wälder ist der göttliche Govardhana-Hügel, weil Kṛṣṇa den Govardhana-Hügel wie einen Schirm hochhob, indem Er ihn mit Seiner lotosgleich schönen Hand aufnahm, um Seinen Gefährten, die Bewohner von Vraja, vor den Regengüssen zu beschützen, die der zornige Indra, der König der Halbgötter, gesandt hatte. Am Govardhana-Hügel hütete Kṛṣṇa auch die Kühe mit Seinen Kuhhirtenfreunden, und dort traf Er Sich mit Seiner geliebten Śrī Rādhā und erfreute Sich mit Ihr liebevoller Spiele. Rādhā-kuṇḍa, am Fuß des Govardhana, steht über allem, denn dies ist der Ort, an dem die Liebe zu Kṛṣṇa überfließt. Fortgeschrittene Gottgeweihte ziehen es vor, am Rādhā-kuṇḍa zu wohnen, denn dieser Ort ist der

Schauplatz vieler Erinnerungen an die ewigen liebevollen Spiele Kṛṣṇas und Rādhārāṇīs (*rati-vilāsa*).

Im *Caitanya-caritāmṛta* (*Madhya* 18.1–14) heißt es, daß Śrī Caitanya Mahāprabhu bei Seinem ersten Besuch des Gebietes von Vrajabhūmi die Stelle des Rādhā-kuṇḍa zunächst nicht finden konnte. Dies bedeutet, daß Śrī Caitanya Mahāprabhu eigentlich nach der genauen Lage des Rādhā-kuṇḍa suchte. Schließlich fand Er den heiligen Ort, an dem es einen kleinen Teich gab. Er nahm Sein Bad in diesem Teich und berichtete Seinen Geweihten, daß dies die Lage des eigentlichen Rādhā-kuṇḍa sei. Später wurde der Teich von den Geweihten Śrī Caitanyas ausgehoben, die zunächst von den Sechs Gosvāmīs wie Rūpa und Raghunātha dāsa angeführt wurden. Heute findet man dort einen großen See namens Rādhā-kuṇḍa. Śrīla Rūpa Gosvāmī hat auf den Rādhā-kuṇḍa großen Nachdruck gelegt, weil es Śrī Caitanya Mahāprabhus Wunsch war, diesen Ort zu finden. Wer also würde den Rādhā-kuṇḍa verlassen und versuchen, anderswo zu leben? Niemand mit transzendentaler Intelligenz wird dies tun. Die Bedeutsamkeit des Rādhā-kuṇḍa jedoch kann nicht von anderen Vaiṣṇava-sampradāyas erkannt werden, noch können Menschen, die nicht am hingebungsvollen Dienst Śrī Caitanya Mahāprabhus interessiert sind, die spirituelle Bedeutsamkeit und göttliche Natur des Rādhā-kuṇḍa begreifen. Rādhā-kuṇḍa wird daher hauptsächlich von den Gauḍīya Vaiṣṇavas, den Nachfolgern Śrī Caitanya Mahāprabhus, verehrt.

Zehnter Vers

कर्मिभ्यः परितो हरेः प्रियतया व्यक्तिं ययुर्ज्ञानिनस्
तेभ्यो ज्ञानविमुक्तभक्तिपरमाः प्रेमैकनिष्ठास्ततः ।
तेभ्यस्ताः पशुपालपङ्कजदृशस्ताभ्योऽपि सा राधिका
प्रेष्ठा तद्वदियं तदीयसरसी तां नाश्रयेत्कः कृती ॥

karmibhyaḥ parito hareḥ priyatayā vyaktiṁ yayur jñāninas
tebhyo jñāna-vimukta-bhakti-paramāḥ premaika-niṣṭhās tataḥ
tebhyas tāḥ paśu-pāla-paṅkaja-dṛśas tābhyo 'pi sā rādhikā
preṣṭhā tadvad iyaṁ tadīya-sarasī tāṁ nāśrayet kaḥ kṛtī

karmibhyaḥ – als alle fruchtbringenden Arbeiter; *paritaḥ* – in jeder Hinsicht; *hareḥ* – durch den Höchsten Persönlichen Gott; *priyatayā* – weil begünstigt; *vyaktim yayuḥ* – es heißt in der *śāstra; jñāninaḥ* – die im Wissen Fortgeschrittenen; *tebhyaḥ* – ihnen übergeordnet; *jñāna-vimukta* – durch Wissen befreit; *bhakti-paramāḥ* – die im hingebungsvollen Dienst Tätigen; *prema-eka-niṣṭhāḥ* – jene, die reine Liebe zu Gott erreicht haben; *tataḥ* – ihnen übergeordnet; *tebhyaḥ* – besser als sie; *tāḥ* – sie; *paśu-pāla-paṅkaja-dṛśaḥ* – die *gopīs*, die stets von Kṛṣṇa, dem Kuhhirtenknaben, abhängig sind; *tābhyaḥ* – über ihnen allen; *api* – gewiß; *sā* – Sie; *rādhikā* – Śrīmatī Rādhikā; *preṣṭhā* – sehr lieb; *tadvat* – in ähnlicher Weise; *iyam* – dies; *tadīya-sarasī* – Ihr See, Śrī Rādhā-kuṇḍa; *tām* – Rādhā-kuṇḍa; *na* – nicht; *āśrayet* – würde Zuflucht suchen bei; *kaḥ* – wer; *kṛtī* – überaus vom Glück begünstigt.

In der śāstra heißt es, daß von allen Arten fruchtbringender Arbeiter der im Wissen um die höheren Werte des Lebens

Fortgeschrittene vom Höchsten Herrn, Hari, begünstigt wird. Von vielen solchen im Wissen fortgeschrittenen Menschen [jñānīs] mag jemand, der kraft seines Wissens praktisch befreit ist, sich dem hingebungsvollen Dienst zuwenden. Er ist den anderen überlegen. Über ihm steht derjenige, der prema oder reine Liebe zu Kṛṣṇa erreicht hat. Die gopīs stehen über all diesen fortgeschrittenen Gottgeweihten, denn sie sind stets völlig abhängig von Śrī Kṛṣṇa, dem transzendentalen Hirtenknaben. Von den gopīs ist Śrīmatī Rādhārāṇī Kṛṣṇa am liebsten. Ihr kuṇḍa [See] ist Śrī Kṛṣṇa so lieb wie diese liebste der gopīs. Wer wird also nicht am Rādhā-kuṇḍa wohnen und in einem von ekstatischen hingebungsvollen Empfindungen [aprākṛta-bhāva] durchdrungenen spirituellen Körper dem göttlichen Paar Śrī Śrī Rādhā-Govinda liebevollen Dienst darbringen, das dort Seine aṣṭakālīya-līlā, Seine ewigen achtfachen täglichen Spiele entfaltet. In der Tat sind jene, die an den Ufern des Rādhā-kuṇḍa hingebungsvollen Dienst ausführen, die glücklichsten Menschen im Universum.

ERLÄUTERUNG: Zum gegenwärtigen Zeitpunkt geht fast jeder dieser oder jener fruchtbringenden Tätigkeit nach. Diejenigen, die begierig sind, materielle Gewinne durch Arbeit zu erzielen, nennt man *karmīs* oder fruchtbringende Arbeiter. Alle Lebewesen in der materiellen Welt sind unter den Bann *māyās* geraten. Es wird dies im *Viṣṇu Purāṇa* (6.7.61) wie folgt beschrieben:

viṣṇu-śaktiḥ parā proktā
kṣetrajñākhyā tathā parā
avidyā-karma-saṁjñānyā
tṛtīyā śaktir iṣyate

Weise haben die Energien des Höchsten Persönlichen Gottes in drei Kategorien gegliedert – nämlich die spirituelle Energie, die marginale Energie und die materielle Energie. Die materielle Energie wird als drittklassige Energie (*tṛtīyā śaktiḥ*) betrachtet. Die Lebewesen im Herrschaftsbereich der materiellen Energie sind bisweilen wie

Hunde und Schweine damit beschäftigt, nur um der Sinnenbefriedigung willen sehr schwer zu arbeiten. Manche *karmīs* fühlen sich jedoch im gegenwärtigen Leben oder, nach der Ausführung frommer Werke, im nächsten Leben stark dazu hingezogen, verschiedene Arten von Opfern zu vollziehen, die in den Veden erwähnt werden. So werden sie kraft ihrer frommen Werke zu himmlischen Planeten erhoben. Tatsächlich werden diejenigen, die sich bei der Ausführung von Opfern streng an die vedischen Vorschriften halten, zum Mond und zu Planeten über dem Mond erhoben. In der *Bhagavad-gītā* (9.21) heißt es hierzu: *kṣīṇe puṇye martya-lokaṁ viśanti.* „Nachdem sich die Ergebnisse ihrer sogenannten frommen Werke erschöpft haben, kehren sie wieder auf die Erde zurück, die man Martya-loka oder den Ort des Todes nennt." Obwohl solche Personen durch ihre frommen Werke zu den himmlischen Planeten aufsteigen, und obwohl sie dort viele Tausende von Jahren das Leben genießen mögen, müssen sie doch auf den Erdplaneten zurückkehren, wenn die Ergebnisse ihrer frommen Werke aufgezehrt sind.

Dies ist die Situation aller *karmīs,* einschließlich jener, die fromm handeln und die gottlos handeln. Auf unserem Planeten finden wir viele Geschäftsleute, Politiker und andere, denen es nur um materielles Glück geht. Sie versuchen, mit allen Mitteln Geld zu verdienen, ganz gleich ob solche Mittel fromm oder gottlos sind. Solche Menschen nennt man *karmīs* oder grobe Materialisten. Unter den *karmīs* gibt es einige *vikarmīs* oder Menschen, die ohne die Führung des vedischen Wissens handeln. Diejenigen, die auf der Grundlage vedischen Wissens handeln, führen Opfer durch, um Śrī Viṣṇu zu erfreuen und von Ihm Segnungen zu empfangen. So werden sie zu höheren Planetensystemen erhoben. Solche *karmīs* stehen über den *vikarmīs,* denn sie handeln getreu den Anweisungen der Veden und sind Kṛṣṇa zweifellos lieb. In der *Bhagavad-gītā* (4.11) sagt Kṛṣṇa: *ye yathā māṁ prapadyante tāṁs tathaiva bhajāmy aham.* „Alle belohne Ich in dem Maße, wie sie sich Mir ergeben." Kṛṣṇa ist so gütig, daß Er die Wünsche der *karmīs* und *jñānīs* erfüllt, ganz zu schweigen von denen der *bhaktas*. Obgleich die *karmīs* bisweilen zu höheren Planetensystemen erhoben werden, müssen sie nach dem Tod neue materielle Körper annehmen, solange sie fruchtbringenden Handlungen verhaftet bleiben. Wenn man fromm handelt, kann man einen neuen Körper unter den Halbgöttern auf den höheren Planetensystemen erlangen, oder man mag eine andere Stellung erreichen, in der man ein höheres Maß materiellen Glücks genießen kann. Auf der anderen Seite werden diejenigen, die gottlos handeln, erniedrigt und als Tiere, Bäume und Pflanzen geboren. Fruchtbringende Arbeiter, die sich nicht um die vedischen Anweisungen kümmern (*vikarmīs*), werden daher von gelehrten Heiligen nicht geschätzt. Im *Śrīmad-Bhāgavatam* (5.5.4) heißt es:

nūnaṁ pramattaḥ kurute vikarma
yad indriya-prītaya āpṛṇoti
na sādhu manye yata ātmano 'yam
asann api kleśada āsa dehaḥ

„Materialisten, die nur um der Sinnenbefriedigung willen wie Hunde und Schweine schwer arbeiten, sind im Grunde wahnsinnig. Sie führen alle möglichen abscheulichen Tätigkeiten aus, nur um ihre Sinne zu befriedigen. Materialistische Tätigkeiten sind einem intelligenten Menschen in keiner Weise würdig, denn als Folge solcher Tätigkeiten bekommt man einen materiellen Körper, der voller Leid ist." Der Zweck des menschlichen Lebens besteht darin, den dreifachen leidvollen Bedingungen zu entkommen, die das materielle Dasein begleiten. Unglücklicherweise sind fruchtbringende Arbeiter wie von Sinnen, Geld zu verdienen und mit allen Mitteln zeitweilige materielle Annehmlichkeiten zu erwerben; deshalb riskieren sie es, zu einem Leben in unteren Lebensformen erniedrigt zu werden. Materialisten schmieden törichterweise viele Pläne, um in der materiellen Welt glücklich zu werden. Sie halten nicht inne, um zu überlegen, daß sie nur eine bestimmte Anzahl von Jahren leben werden, von denen sie den größten Teil dazu verwenden müssen, Geld für Sinnenbefriedigung zu verdienen.

Schließlich enden solche Tätigkeiten mit dem Tod. Materialisten bedenken nicht, daß sie nach Verlassen des Körpers vielleicht als niedere Tiere, Pflanzen oder Bäume verkörpert werden. So vereiteln all ihre Tätigkeiten den Zweck des Lebens. Nicht nur werden sie unwissend geboren, sie handeln auch in Unwissenheit und denken, sie erzielten materielle Vorteile in Form von Hochhäusern, schnellen Autos, ehrbaren Stellungen und so fort. Die Materialisten wissen nicht, daß sie im nächsten Leben erniedrigt werden und daß ihre Handlungen nur zu *parābhava* oder ihrer Niederlage dienen. So lautet die Aussage des *Śrīmad-Bhāgavatam* (5.5.5): *parābhavas tāvad abodha-jātaḥ.*

Man sollte daher begierig danach sein, die Wissenschaft der Seele (*ātma-tattva*) zu verstehen. Solange man nicht auf die Stufe des *ātma-tattva* kommt, auf der man begreift, daß die Seele, und nicht der Körper, mit dem Selbst identisch ist, verbleibt man auf der Ebene der Unwissenheit. Von Tausenden und selbst Millionen unwissender Menschen, die ihre Zeit damit verschwenden, nur ihre Sinne zu befriedigen, mag einer zur Ebene des Wissens kommen und die höheren Werte des Lebens begreifen. Ein solcher Menschen wird *jñānī* genannt. Der *jñānī* weiß, daß ihn fruchtbringende Tätigkeiten an das materielle Dasein binden und ihn veranlassen werden, von einer Art des Körpers zur nächsten zu wandern. Wie das *Śrīmad-Bhāgavatam* (5.5.5) durch den Begriff *śarīra-bandha* (gebunden an das körperliche Dasein) andeutet, wird der Geist in *karma* oder fruchtbringende Tätigkeit versunken sein, solange man noch irgendeine Auffassung des Sinnengenusses beibehält, und dies wird dazu führen, daß man von Körper zu Körper wandern muß.

Ein *jñānī* gilt somit mehr als ein *karmī,* denn er hält sich zumindest von den blinden Tätigkeiten des Sinnengenusses zurück. So lautet die Feststellung des Höchsten Persönlichen Gottes. Obgleich ein *jñānī* jedoch von der Unwissenheit der *karmīs* befreit sein mag, gilt er immer noch als unwissend (*avidyā*), solange er nicht zur Ebene des hingebungsvollen Dienstes aufsteigt. Obwohl jemand als *jñānī* oder ein im Wissen Fortgeschrittener angesehen werden mag, wird sein Wissen als unrein betrachtet, weil er keine Kenntnis vom hingebungsvollen Dienst hat und daher die unmittelbare Verehrung der Lotosfüße des Höchsten Persönlichen Gottes mißachtet.

Wenn sich ein *jñānī* dem hingebungsvollen Dienst zuwendet, wird er sehr schnell einem gewöhnlichen *jñānī* überlegen. Ein solch fortgeschrittener Mensch wird als *jñāna-vimukta-bhaktiparama* beschrieben. Wie ein *jñānī* zum hingebungsvollen Dienst kommt, wird in der *Bhagavad-gītā* (7.19) erklärt, wo Kṛṣṇa sagt:

bahūnāṁ janmanām ante
jñānavān māṁ prapadyate
vāsudevaḥ sarvam iti
sa mahātmā sudurlabhaḥ

„Wer nach vielen Geburten und Toden tatsächlich in Wissen gründet, ergibt sich Mir, da er weiß, daß Ich die Ursache aller Ursachen und daß Ich alles bin. Solch eine große Seele ist sehr selten." Jemand ist wirklich weise, wenn er sich den Lotosfüßen Kṛṣṇas ergibt, doch ein solcher *mahātmā*, eine große Seele, ist sehr selten.

Nachdem sich jemand dem hingebungsvollen Dienst nach regulierenden Prinzipien zugewandt hat, mag er zur Stufe der spontanen Liebe zu Gott kommen, indem er den Fußspuren großer Gottgeweihter wie Nārada, Sanaka und Sanātana folgt. Der Höchste Persönliche Gott erkennt ihn dann als höherstehend an. Die Gottgeweihten, die Liebe zu Gott entwickelt haben, befinden sich zweifellos in einer erhabenen Stellung.

Unter all diesen Gottgeweihten gelten die *gopīs* als höhergestellt, weil sie nichts anderes als Kṛṣṇas Befriedigung kennen. Auch erwarten die *gopīs* keine Gegenleistung von Kṛṣṇa. Ja, Kṛṣṇa versetzt sie manchmal in größte Not, indem Er Sich von ihnen trennt. Trotzdem können sie Kṛṣṇa nicht vergessen. Als Kṛṣṇa Vṛndāvana verließ, um nach Mathurā zu fahren, wurden die *gopīs* völlig mutlos und verbrachten den Rest ihres Lebens damit, in Trennung von Kṛṣṇa einfach zu weinen. Das bedeutet, daß sie in gewissem

Sinne niemals wirklich von Kṛṣṇa getrennt waren. Es besteht kein Unterschied zwischen dem Denken an Kṛṣṇa und der unmittelbaren Gemeinschaft mit Ihm. Vielmehr ist *vipralambha-sevā* oder das Denken an Kṛṣṇa in Trennung, wie Śrī Caitanya Mahāprabhu es tat, weitaus besser, als Kṛṣṇa unmittelbar zu dienen. Von all den Gottgeweihten, die unvermischte hingebungsvolle Liebe zu Kṛṣṇa entwickelt haben, befinden sich die *gopīs* auf der höchsten Ebene, und von all diesen erhabenen *gopīs* ist Śrīmatī Rādhārāṇī die höchste. Niemand kann den hingebungsvollen Dienst Śrīmatī Rādhārāṇīs übertreffen. Ja nicht einmal Kṛṣṇa kann die Haltung Śrīmatī Rādhārāṇīs begreifen; Er nahm deshalb Ihre Stellung ein und erschien als Śrī Caitanya Mahāprabhu, nur um Ihre transzendentalen Empfindungen zu verstehen.

Auf diese Weise kommt Śrīla Rūpa Gosvāmī allmählich zu dem Schluß, daß Śrīmatī Rādhārāṇī die höchste Geweihte Kṛṣṇas ist und daß Ihr *kuṇḍa* (See), Śrī Rādhā-kuṇḍa, der erhabenste Ort ist. Das wird in einem Zitat aus dem *Padma Purāṇa* bestätigt, das im *Laghu-bhāgavatāmṛta* (*Uttarakhaṇḍa* 45) und im *Caitanya-caritāmṛta* zitiert wird:

yathā rādhā priyā viṣṇos
tasyāḥ kuṇḍaṁ priyaṁ tathā
sarva-gopīṣu saivaikā
viṣṇor atyanta-vallabhā

„So wie Śrīmatī Rādhārāṇī dem Höchsten Herrn, Kṛṣṇa [Viṣṇu], lieb ist, so ist Ihr Badeort [Rādhā-kuṇḍa] Kṛṣṇa gleichermaßen lieb. Unter all den *gopīs* steht Sie als die Liebste des Herrn allein in höchster Stellung."

Jeder, der am Kṛṣṇa-Bewußtsein interessiert ist, sollte daher letztendlich beim Rādhā-kuṇḍa Zuflucht suchen und dort sein ganzes Leben hindurch hingebungsvollen Dienst ausführen. So lautet die Schlußfolgerung Rūpa Gosvāmīs im zehnten Vers des *Upadeśāmṛta*.

Elfter Vers

कृष्णस्योच्चैः प्रणयवसतिः प्रेयसीभ्योऽपि राधा
कुण्डं चास्या मुनिभिरभितस्तादृगेव व्यधायि ।
यत्प्रेष्ठैरप्यलमसुलभं किं पुनर्भक्तिभाजां
तत्प्रेमेदं सकृदपि सरः स्नातुराविष्करोति ॥

kṛṣṇasyoccaiḥ praṇaya-vasatiḥ preyasībhyo 'pi rādhā
kuṇḍaṁ cāsyā munibhir abhitas tādṛg eva vyadhāyi
yat preṣṭhair apy alam asulabhaṁ kiṁ punar bhakti-bhājāṁ
tat premedaṁ sakṛd api saraḥ snatur āviṣkaroti

kṛṣṇasya – Śrī Kṛṣṇas; *uccaiḥ* – sehr hoch; *praṇaya-vasatiḥ* – Gegenstand der Liebe; *preyasībhyaḥ* – von den vielen liebenswerten *gopīs*; *api* – gewiß; *rādhā* – Śrīmatī Rādhārāṇī; *kuṇḍam* – See; *ca* – auch; *asyāḥ* – von Ihr; *munibhiḥ* – durch große Weise; *abhitaḥ* – in jeder Hinsicht; *tādṛk eva* – in ähnlicher Weise; *vyadhāyi* – wird beschrieben; *yat* – welcher; *preṣṭhaiḥ* – von den fortgeschrittensten Gottgeweihten; *api* – selbst; *alam* – genug; *asulabham* – schwierig zu erreichen; *kim* – was; *punaḥ* – wieder; *bhakti-bhājām* – für Personen, die im hingebungsvollen Dienst tätig sind; *tat* – diese; *prema* – Liebe zu Gott; *idam* – diese; *sakṛt* – einmal; *api* – sogar; *saraḥ* – See; *snātuḥ* – von jemandem, der gebadet hat; *āviṣkaroti* – entsteht.

Von den vielen Gegenständen bevorzugter Freude und von all den liebenswerten Mädchen von Vrajabhūmi ist Śrīmatī Rādhārāṇī gewiß das am höchsten geschätzte Ziel der Liebe Kṛṣṇas. Und in jeder Hinsicht wird Ihr göttlicher kuṇḍa von großen Weisen

als Ihm gleichermaßen lieb beschrieben. Zweifellos wird Rādhā-kuṇḍa sogar von großen Gottgeweihten nur sehr selten erreicht; für gewöhnliche Gottgeweihte ist dies daher noch schwieriger. Wenn jemand nur einmal in diesem heiligen Wasser badet, wird seine reine Liebe zu Kṛṣṇa voll entfacht.

ERLÄUTERUNG: Warum ist Rādhā-kuṇḍa so erhaben? Der See ist so erhaben, weil er Śrīmatī Rādhārāṇī gehört, die Śrī Kṛṣṇas größte Liebe ist. Unter allen *gopīs* ist Sie Ihm am liebsten. Ebenso wird auch Ihr See, Śrī Rādhā-kuṇḍa, von großen Weisen als der See beschrieben, der Kṛṣṇa so lieb ist wie Rādhā Selbst. Ja, Kṛṣṇas Liebe zum Rādhā-kuṇḍa und zu Śrīmatī Rādhārāṇī ist in jeder Hinsicht die gleiche. Rādhā-kuṇḍa wird selbst von großen Persönlichkeiten, die voll im hingebungsvollen Dienst tätig sind, sehr selten erreicht, ganz zu schweigen von gewöhnlichen Gottgeweihten, die nur in der Praxis der *vaidhī bhakti* tätig sind.

Es heißt, daß ein Gottgeweihter sogleich reine Liebe zu Kṛṣṇa nach dem Vorbild der *gopīs* entwickeln wird, wenn er nur einmal im Rādhā-kuṇḍa badet. Śrīla Rūpa Gosvāmī empfiehlt, zumindest so oft wie möglich in dem See zu baden, selbst wenn man nicht fortgesetzt an den Ufern des Rādhā-kuṇḍa leben kann. Dies ist ein überaus wichtiger Punkt in der Ausübung hingebungsvollen Dienstes. Śrīla Bhaktivinoda Ṭhākura schreibt in diesem Zusammenhang, daß Śrī Rādhā-kuṇḍa der auserlesenste Ort für diejenigen ist, die daran interessiert sind, ihren hingebungsvollen Dienst nach dem Vorbild der Freundinnen (*sakhīs*) und vertrauten Dienerinnen (*mañjarīs*) Śrīmatī Rādhārāṇīs zu entwickeln. Lebewesen, die begierig danach sind, in ihrem spirituellen Körper (*siddha-deha*) in das transzendentale Königreich Gottes, Goloka Vṛndāvana, zurückzukehren, sollten am Rādhā-kuṇḍa leben, bei den vertrauten Dienerinnen Rādhās Schutz suchen und sich unter Ihrer Anleitung ständig in Ihrem Dienst beschäftigen. Das ist die erhabenste Methode für diejenigen, die sich unter dem Schutz Śrī Caitanya Mahāprabhus im hingebungsvollen Dienst betätigen. In diesem

Zusammenhang schreibt Śrīla Bhaktisiddhānta Sarasvatī Ṭhākura, daß selbst große Weise und Gottgeweihte wie Nārada und Sanaka nicht die Gelegenheit haben, zum Rādhā-kuṇḍa zu kommen und dort zu baden. Wie sollte das also gewöhnlichen Gottgeweihten möglich sein? Wenn sich jemandem durch großes Glück die Gelegenheit bietet, zum Rādhā-kuṇḍa zu kommen und dort nur einmal zu baden, kann er seine transzendentale Liebe zu Kṛṣṇa genauso entwickeln, wie es die *gopīs* taten. Es wird auch empfohlen, an den Ufern des Rādhā-kuṇḍa zu leben und sich in den liebevollen Dienst des Herrn zu versenken. Man sollte dort regelmäßig baden und alle materiellen Auffassungen aufgeben, während man bei Śrī Rādhā und Ihren helfenden *gopīs* Zuflucht sucht. Wenn man so zeit seines Lebens ständig beschäftigt ist, wird man nach Verlassen des Körpers zu Gott zurückkehren, um Śrī Rādhā in der gleichen Weise zu dienen, wie man es während seines Lebens an den Ufern des Rādhā-kuṇḍa im Geiste getan hat. Die Schlußfolgerung lautet, daß das Leben am Ufer des Rādhā-kuṇḍa und das tägliche Bad dort die höchste Vollkommenheit des hingebungsvollen Dienstes darstellen. Es ist dies eine Stellung, die selbst für große Weise und Gottgeweihte wie Nārada schwer zu erreichen ist. Der Ruhm Śrī Rādhā-kuṇḍas kennt daher keine Grenzen. Indem man dem Rādhā-kuṇḍa dient, kann man die Gelegenheit bekommen, unter der ewigen Leitung der *gopīs* eine Helferin Śrīmatī Rādhārāṇīs zu werden.

DER AUTOR

His Divine Grace A. C. Bhaktivedanta Swami Prabhupāda erschien in dieser Welt im Jahre 1896 in Kalkutta, wo er 1922 zum ersten Mal seinem spirituellen Meister Śrīla Bhaktisiddhānta Sarasvatī Gosvāmī begegnete. Bhaktisiddhānta Sarasvatī, ein bekannter, gottergebener Gelehrter und Gründer von 64 vedischen Instituten, die als Gauḍīya Maṭhas bekannt wurden, fand Gefallen an dem gebildeten jungen Mann und überzeugte ihn, sein Leben der Lehre vedischen Wissens zu widmen. Śrīla Prabhupāda wurde sein Schüler und empfing 1933 die formelle Einweihung.

Śrīla Bhaktisiddhānta Sarasvatī bat Śrīla Prabhupāda bereits bei ihrer ersten Begegnung, das vedische Wissen in englischer Sprache zu verbreiten. In den darauffolgenden Jahren verfaßte Śrīla Prabhupāda einen Kommentar zur *Bhagavad-gītā* und unterstützte die Bewegung seines spirituellen Meisters in ihrer Mission. 1944 gründete er das *Back to Godhead,* ein vierzehntägliches Magazin in englischer Sprache, welches er eigenhändig verfaßte, produzierte, finanzierte und verteilte. Dieses Magazin wird heute von seinen Schülern weitergeführt und in vielen Sprachen veröffentlicht.

Als Anerkennung für Śrīla Prabhupādas philosophische Gelehrtheit und Hingabe ehrte ihn die Gauḍīya-Vaiṣṇava-Gesellschaft 1947 mit dem Titel „Bhaktivedanta". Im Jahre 1950 zog sich Śrīla Prabhupāda aus dem Familienleben zurück. Vier Jahre später trat er in den *vanaprastha*-Stand (Leben in Zurückgezogenheit) ein, um seinen Studien und seiner Schreibtätigkeit mehr Zeit widmen zu können. Bald danach begab er sich zu dem heiligen Ort Vṛndāvana in der Nähe von Agra, wo er unter bescheidensten Verhältnissen im mittelalterlichen Rādhā-Dāmodara-Tempel lebte. Dort verbrachte er mehrere Jahre mit eingehenden Studien und dem Schreiben. 1959 trat er in den Lebensstand der Entsagung (*sannyāsa*) ein. Im Rādhā-Dāmodara-Tempel begann er mit der Arbeit an seinem Lebenswerk – einer vielbändigen, kommentierten Übersetzung des achtzehntausend Verse umfassenden *Śrīmad-Bhāgavatam* (*Bhāgavata Purāṇa*). Dort entstand auch das Buch *Easy Journey to Other Planets* (*Jenseits von Raum und Zeit*).

Nachdem er drei Bände des *Śrīmad-Bhāgavatam* veröffentlicht hatte, reiste er 1965 in die USA, um die Mission seines spirituellen Meisters zu erfüllen. In der Folge schrieb er mehr als 50 Bände autoritativer, kommentierter Übersetzungen und zusammenfassender Studien der wichtigsten philosophischen und religiösen Klassiker Indiens.

Als Śrīla Prabhupāda per Frachtschiff im Hafen von New York ankam, war er so gut wie mittellos. Erst im Juli 1966, nach fast einem Jahr voller Schwierigkeiten, gründete er die Internationale Gesellschaft für Krishna-Bewußtsein (ISKCON). Bis zu seinem Verscheiden am 14. November 1977 hatte er die Gesellschaft persönlich geleitet und konnte miterleben, wie sie sich zu einer weltweiten Bewegung mit über einhundert *āśramas*, Schulen, Tempeln und Farmgemeinschaften entwickelte.

1972 führte Śrīla Prabhupāda mit der Gründung einer *gurukula*-Schule in Dallas das vedische System der Elementar- und Sekundarausbildung in der westlichen Welt ein. Seitdem haben seine Schüler weltweit viele ähnliche Schulen eröffnet.

Auch in Indien veranlasste Śrīla Prabhupāda den Bau verschiedener internationaler, kultureller Zentren. In Māyāpur in Westbengalen bauen die Gottgeweihten nun eine spirituelle Stadt am Ganges, die um einen großen Tempel angelegt ist; ein ambitioniertes Projekt, dessen Fertigstellung noch mehrere Jahre in Anspruch nehmen wird. In Vṛndāvana im Norden Indiens gibt es den prächtigen und vielbesuchten Krishna-Balarama-Tempel sowie ein internationales Gästehaus, eine *gurukula*-Schule, Śrīla Prabhupādas

Mausoleum und ein Museum. Auch in Mumbai, Delhi, Tirupati, Ahmedabad, Siliguri, Ujjain und vielen anderen indischen Orten gibt es Tempel, kulturelle Zentren und Farmgemeinschaften, die von Śrīla Prabhupāda geplant wurden.

Śrīla Prabhupādas wichtigster Beitrag sind jedoch seine Bücher. Von Gelehrten wegen ihrer Autorität, Tiefe und Klarheit geschätzt, werden sie mehr und mehr als Lehrbücher an Universitäten und in Seminaren benutzt. Seine Werke wurden bereits in über 80 Sprachen übersetzt. Die *Bhagavad-gītā wie sie ist* ist mittlerweile in 58 Sprachen erhältlich. Der von Śrīla Prabhupāda im Jahre 1972 gegründete Bhaktivedanta Book Trust (BBT) hat sich zum weltweit größten Verlag für religiöse und philosophische Literatur Indiens entwickelt.

QUELLENNACHWEIS

Alle Aussagen im *Nektar der Unterweisung* werden von anerkannten Vaiṣṇava-Autoritäten bestätigt. Die folgenden authentischen Schriften werden in diesem Buch zitiert:

Bhagavad-gītā

Bhakti-rasāmṛta-sindhu (Rūpa Gosvāmī)

Śrī Caitanya-caritāmṛta (Kṛṣṇadāsa Kavirāja)

Śrī Īśopaniṣad

Laghu-bhāgavatāmṛta (Rūpa Gosvāmī)

Muṇḍaka Upaniṣad

Prema-vivarta (Jagadānanda Paṇḍita)

Śikṣāṣṭaka (Caitanya Mahāprabhu)

Śrīmad-Bhāgavatam

Viṣṇu Purāṇa

GLOSSAR

Bg. – *Bhagavad-gītā*

Bh.r.s. – *Bhakti-rasāmṛta-sindhu*

Cc. A. – *Śrī Caitanya-caritāmṛta, Antya-līlā*

Cc. Ā. – *Śrī Caitanya-caritāmṛta, Ādi-līlā*

Cc. M. – *Śrī Caitanya-caritāmṛta, Madhya-līlā*

jmd. – jemand

Kap. – Kapitel

Muṇ. U. – *Muṇḍaka Upaniṣad*

SB. – *Śrīmad-Bhāgavatam*

Ācārya – spiritueller Meister, der durch sein Beispiel lehrt.
Adānta-go – andere Bezeichnung für *godāsa*.
Adhibautika-kleśa – Leiden, die durch andere Lebewesen verursacht werden.
Adhidaivika-kleśa – Leiden, die durch die Halbgötter verursacht werden, wie z.B. Dürren, Erdbeben und Stürme.
Adhyātmika-kleśa – Leiden, die durch den eigenen Körper und Geist entstehen.
Advaita – Mitglied des Pañca-tattva, Inkarnation Mahā-Viṣṇus.
Akrūra – (*a* – verneinendes Präfix; *krūra* – einer, der grausam

ist) „einer, der nicht grausam ist"; Onkel Kṛṣṇas; Bruder Vasudevas.

Ānanda – der Speicher aller Freude; spirituelle Glückseligkeit.

Ananta – „unendlich"; eine der Eigenschaften Kṛṣṇas.

Antaraṅga-śakti – die innere Kraft des Herrn.

Aparā-prakṛti – (*a* – verneinendes Präfix [nicht]; *parā* – transzendental; *prakṛti* – Natur, Kraft, Energie) die niedere Energie oder materielle Natur. *Siehe auch: Parā-prakṛti.*

Arcā-vigraha – Bildgestalt des Herrn (im Tempel), durch die der Herr es dem Geweihten ermöglicht, Ihm persönlich zu dienen.

Arjuna – Freund Kṛṣṇas; einer der fünf Pāṇḍava-Brüder, dem Kṛṣṇa die *Bhagavad-gītā* verkündete.

Aśrama – 1. die vier spirituellen Ordnungen des Lebens: Studierender im Zölibat, Haushälter, in Zurückgezogenheit Lebender und in Entsagung Lebender. 2. Wohnstätte eines Heiligen.

Atharva Veda – eine der vier ursprünglichen vedischen Schriften.

Ātmā – das Selbst (Seele, Geist oder Körper).

Avidyā – (*a* – verneinendes Präfix [nicht]; *vidyā* – Wissen) Unwissenheit; die Förderung materiellen Wissens. Gegensatz: *vidyā.*

Avirodha-prītī – ungezügelte Anhaftung (erste Erregung des Geistes).

Avyabhicāriṇī bhakti – „reine Hingabe".

Avyakta – der unmanifestierte Zustand nach der Vernichtung der unteren und mittleren Planeten des Universums.

Bahulāvana – einer der zwölf Wälder im Gebiet von Vṛndāvana.

Baladeva – (*bala* – spirituelle Stärke; *deva* – der Höchste Persönliche Gott) anderer Name Balarāmas.

Baladeva Vidyābhūṣaṇa – Vaiṣṇava-*ācārya* der Madhva-sampradāya; Verfasser des *Govinda-bhāsya.*

Balarāma – (*bala* – spirituelle Stärke; *rāma* – das Behältnis spiritueller Freude) Kṛṣṇas älterer Bruder.

Bhagavad-gītā – die von Kṛṣṇa Seinem Geweihten Arjuna vor

5000 Jahren auf dem Schlachtfeld von Kurukṣetra verkündeten Grundunterweisungen in Bezug auf spirituelles Leben.

Bhagavān – der Höchste Herr in Seiner Eigenschaft als Besitzer aller sechs Füllen (Reichtum, Macht, Ruhm, Schönheit, Wissen und Entsagung) in vollendeter Form; der letzte und höchste Aspekt der absoluten Wahrheit nach Brahman und Paramātmā.

Bhāgavata – wörtl. „in Beziehung zum Persönlichen Gott (Bhagavān)". 1. Gottgeweihter; 2. heilige Schrift über Gott.

Bhāgavatam – Kurzform für *Śrīmad-Bhāgavatam*

Bhāgavata-Schule – Angehörige und Nachfolger des Vaiṣṇavatums.

Bhakta – Gottgeweihter.

Bhakti – Liebe, Hingabe in Beziehung zu Gott.

Bhakti-latā – die Kletterpflanze des hingebungsvollen Dienstes.

Bhaktisiddhānta Sarasvatī Gosvāmī – der spirituelle Meister von Śrī Śrīmad A. C. Bhaktivedanta Swami Prabhupāda und der hervorragendste Gelehrte und Gottgeweihte seiner Zeit; Gründer von 64 Tempeln in Indien und Verfasser zahlreicher Vaiṣṇava-Schriften; Schüler von Gaurakiśora dāsa Bābājī; Sohn Bhaktivinoda Ṭhākuras.

Bhaktivinoda Ṭhākura – *ācārya* der Gauḍīya-Vaiṣṇava-sampradāya (Schüler von Jagannātha dāsa Bābājī, spiritueller Meister von Gaurakiśora dāsa Bābājī); Vater von Bhaktisiddhānta Sarasvatī Gosvāmī; verfaßte mehr als einhundert Bücher und zahlreiche Lieder (zum ersten Mal auch in englischer Sprache).

Bhakti-yoga – Verbindung mit dem Höchsten Herrn durch hingebungsvollen Dienst.

Bhāva – wörtl. „Ekstase"; das erste Merkmal reiner Liebe zu Gott.

Bhukti-kāmī – (*bhukti* – materieller Genuß; *kāmī* – jmd., der begehrt) Mensch, der nach materiellem Genuß strebt.

Brahmā – das höchste Lebewesen in jeweils einem Universum; wird zu Beginn der Schöpfung auf der Lotosblüte geboren, die dem Nabel Garbhodakaśāyī Viṣṇus entsprießt; erschafft auf Anordnung Viṣṇus die Körper aller Lebewesen im Universum; für die Erscheinungsweise der Leidenschaft zuständig

Brahmacārī – jmd., der im *brahmacarya* lebt.

Brahmacarya – Leben als Studierender im Zölibat; die erste Ordnung im vedischen spirituellen Leben.

Brahma-jyoti – die alldurchdringende spirituelle Ausstrahlung, die von der transzendentalen Gestalt des Höchsten Herrn und den Vaikuṇṭha-Planeten ausgeht; der spirituelle Himmel, in dem die Vaikuṇṭha-Planeten schweben; auch bekannt als „das weiße Licht", das Ziel der Unpersönlichkeitsphilosophen, das Brahman.

Brahman – die absolute Wahrheit, meist der unpersönliche Aspekt des Absoluten; das *brahma-jyoti;* die spirituelle Natur.

Brāhmaṇa – jmd., der in den Veden bewandert ist und folglich der Gesellschaft spirituelle Führung zu geben vermag; die erste vedische Gesellschaftsschicht.

Brahma-loka – (*brahmā* – Brahmā; *loka* – Ort, Planet) der Planet Brahmās.

Brahma-randhra – höchste Stelle am Kopf, durch die die Seele eines vollkommenen *yogī* den Körper verläßt.

Brahma-saṁhitā – von Brahmā nach seiner Erleuchtung verfaßte Schrift zum Lobpreis Kṛṣṇas.

Caitanya Mahāprabhu – Inkarnation Kṛṣṇas, die vor etwa 500 Jahren in Bengalen, Indien, erschien, um das Chanten der heiligen Namen des Herrn als den Vorgang der Gotteserkenntnis im gegenwärtigen Zeitalter des Kali einzuführen.

Choṭa Haridāsa – enger Gefährte Caitanya Mahāprabhus, den dieser in Seiner Eigenschaft als strenger *sannyāsī* wegen lustvollen Begehrens aus Seiner Gemeinschaft verstieß.

Cit – „voll Wissen".

Citraka – einer der Diener Kṛṣṇas in Vṛndāvana.

Dabira Khāsa – früherer (mohammedanischer) Name Sanātana Gosvāmīs.

Dāsya(-rasa) – die ewige Beziehung zum Höchsten Herrn als Diener.

Dharma – 1. die ewige, tätigkeitsgemäße Pflicht; 2. religiöse Grundsätze.

Dīkṣa – spirituelle Einweihung durch den *guru*.

Durātmā – engherziger, geistig verkrüppelter Mensch; Gegensatz: *Mahātmā*.

Dvādaśa-vana – „zwölf Wälder" (die zwölf Wälder im Gebiet von Vṛndāvana).

Ekādaśī – wörtl. „der elfte Tag" (jeweils nach Voll- und Neumond); besonderer Tag zur verstärkten Erinnerung an Kṛṣṇa, an dem man von Getreide und Hülsenfrüchten aller Art fastet.

Gaṅgā(mayī) – Mutter Ganges; heiliger Fluß in Indien.

Gauḍīya Vaiṣṇavas – die Vaiṣṇavas aus Bengalen (Gauḍa), die Caitanya Mahāprabhu nachfolgen.

Gauḍīya-Vaiṣṇava-sampradāya – Nachfolge der spirituellen Meister nach Caitanya Mahāprabhu.

Godāsa – (*go* – Sinne; *dāsa* – Diener) „Diener der Sinne"; Bezeichnung für den materialistischen Sinnengenießer.

Goloka (Kṛṣṇa-loka) – der höchste spirituelle Planet, auf dem sich Kṛṣṇas persönliche Reiche Vṛndāvana, Mathurā und Dvārakā befinden.

Goloka (Vṛndāvana) – *Siehe:* Vṛndāvana

Gopāla Bhaṭṭa Gosvāmī – einer der Sechs Gosvāmīs; spiritueller Meister von Śrīnivāsa Ācārya. Lebte unter der Obhut von Rūpa und Sanātana Gosvāmīs in Vṛndāvana und stellte dort die Bildgestalt Rādhā-Ramaṇas auf. Verfaßte die *Ṣaṭ-kriyā-sāra-dīpikā*, editierte den *Hari-bhakti-vilāsa* und schrieb einen

Kommentar zum *Kṛṣṇa-karṇāmṛta*. Inkarnation der *gopī* Anaṅga-mañjarī (Guṇa-mañjarī).

Gopīs – Kṛṣṇas Kuhhirtenfreundinnen in Vṛndāvana, die sich auf der höchsten Stufe reiner Gottesliebe in ehelicher Beziehung befinden.

Gosvāmī – wörtl. „Meister der Sinne"; Titel der Vaiṣṇava-*sannyāsīs*.

Gosvāmīs, Sechs – unmittelbare Schüler Caitanya Mahāprabhus: Rūpa, Sanātana, Raghunātha Bhaṭṭa, Raghunātha dāsa, Jīva, und Gopāla Bhaṭṭa.

Govardhana-Hügel – Hügel in der Nähe von Vṛndāvana, den Kṛṣṇa hochhob, um die Einwohner von Vṛndāvana vor Indras verheerendem Unwetter zu schützen. Beschreibung: *SB*. 10. (24.–25. Kap.)

Govinda – (*go* – Kühe, Sinne, Land; *vinda* – einer, der Freude schenkt) „derjenige, der die Kühe, die Sinne und das Land erfreut" (ein Name Kṛṣṇas).

Govinda-bhāṣya – Kommentar Baladeva Vidyābhūṣaṇas zum *Vedānta-sūtra*.

Gṛhasta – reguliertes Haushälterleben; die zweite Ordnung des vedischen spirituellen Lebens.

Guru – spiritueller Meister.

Guru-mahārāja – *Siehe:* Guru.

Hanumān – großer Geweihter Rāmacandras in der Gestalt eines Affen. Beschreibung: *Rāmāyaṇa*.

Hare Kṛṣṇa-mantra – *Siehe: Mahā-mantra.*

Hari – „derjenige, der alles Unglückbringende aus dem Herzen fortnimmt" (ein Name Kṛṣṇas).

Hari-nāma – „der Name Haris"; der heilige Name des Herrn.

Indra – der König des Himmels, das Oberhaupt der Halbgötter; auch für Regen, Wind, Wolken, Blitze usw. zuständig.

Īśvara – wörtl. „Herrscher, Lenker".

Jagadānanda Paṇḍita – einer der engsten Gefährten Caitanya Mahāprabhus in Jagannātha Pūri; Inkarnation Satyabhāmā-devīs.

Jagannātha Pūri – wörtl. „die Stadt Jagannāthas“; Stadt in Orissa, Indien, in der Kṛṣṇa in Seiner Form als Jagannātha zusammen mit Seinem Bruder Balarāma und Seiner Schwester Subhadrā residiert. Aufenthaltsort Caitanya Mahāprabhus während der letzten 18 Jahre Seines Aufenthalts auf der Erde.

Janmāṣṭamī – der Erscheinungstag Kṛṣṇas in der materiellen Welt.

Japa – das Chanten des Hare Kṛṣṇa-*mantra* auf einer Perlenkette.

Japa-mālā – Kette aus 108 Holzperlen zum Chanten des Hare Kṛṣṇa-*mantra* (während man eine Perle zwischen Daumen und Mittelfinger bewegt, chantet man einmal den Hare Kṛṣṇa-*mantra*).

Jhārikhaṇḍa – Waldgebiet in Zentralindien, durch das Caitanya Mahāprabhu auf Seiner Reise nach Vṛndāvana wanderte und wo Er sogar die Tiere dazu brachte, „Hare Kṛṣṇa“ zu chanten und dazu zu tanzen.

Jīva Gosvāmī – einer der Sechs Gosvāmīs; Neffe Rūpa und Sanātana Gosvāmīs. Gründete in Vṛndāvana den Rādhā-Dāmodara-Tempel und verfaßte zahllose Vaiṣṇava-Schriften. Hauptwerke: *Bhāgavat-sandarbha* (*Ṣaṭ-sandarbha*) und *Gopāla-campū*. Inkarnation der *gopī* Vilāsa-mañjarī.

Jīvātmā – (*jīva* – Leben; *ātmā* – Seele) das winzige Lebewesen; Gegensatz: Paramātmā.

Jīva-śakti – (*jīva* – Leben; *śakti* – Kraft) „Lebenskraft“; die befreiten und bedingten Seelen in ihrer Gesamtheit als marginale Energie des Herrn.

Jñāna – die Kultivierung von Wissen.

Jñānī – empirischer Philosoph.

Kali-yuga – *Siehe: Yuga(s)*

Kaniṣṭha-adhikārī – der Gottgeweihte auf der untersten Stufe. *Siehe auch: Madhyama-adhikārī, Uttama-adhikārī*

Karma – fruchtbringendes Handeln, auf das immer eine Reaktion folgt, entweder eine gute oder eine schlechte. *Siehe auch: Akarma, Vikarma, Karma-yoga.*

Karmavādīs – (*karma* – fruchtbringendes Handeln; *vādī* – jmd., der spricht über), fruchtbringende Arbeiter (*karmīs*).

Karma-yoga – Tätigkeiten im Gottesbewußtsein, durch die man aus der materiellen Welt befreit wird.

Karmī – fruchtbringender Arbeiter; jmd., der damit zufrieden ist, schwer zu arbeiten, um flackerhafte Sinnenfreude zu genießen.

Kaṭha Upaniṣad – eine der elf Haupt-*Upaniṣaden*.

Kīrtana – das Chanten von der Herrlichkeit des Herrn durch (1) Singen vedischer Hymnen oder *mantras* und (2) durch Sprechen oder Vortragen.

Krodha – Zorn (einer der sechs Dränge, die zu meistern sind).

Kṛṣṇa – wörtl. „der Auf-alles-anziehend-Wirkende"; der Höchste Persönliche Gott in Seiner ursprünglichen Gestalt als Kuhhirtenknabe mit zwei Händen und einer Flöte.

Kṛṣṇa-kathā – 1. das, was von Kṛṣṇa gesprochen wurde, (z.B. *Bhagavad-gītā*); 2. Gespräche über Kṛṣṇa; Schriften über Kṛṣṇa (z.B. *Śrīmad-Bhāgavatam*).

Kṛṣṇa-loka – *Siehe:* Vṛndāvana

Kṛṣṇa-smaraṇa – Erinnerung an Kṛṣṇa.

Kṣatriya – jmd., der unter der Anleitung der *brāhmaṇas* die Gesellschaft verwaltet und schützt; die zweite vedische Gesellschaftsschicht.

Kunti – Tante Kṛṣṇas, Schwester Vasudevas; Mutter der fünf Pāṇḍavas. Auch bekannt als Pṛthā.

Lakṣmī – die Glücksgöttin; die Gefährtin Nārāyaṇas in Vaikuṇṭha.

Lalitā – wörtl. „die Liebenswerte"; eine der acht Haupt-*gopīs*.

Lakṣmīs – „Glücksgöttinnen", andere Bezeichnung für *gopīs*.

Līlā – ein transzendentales Spiel Kṛṣṇas oder Seiner Erweiterungen.

Mādhurya(-rasa) – die ewige Beziehung zu Kṛṣṇa in ehelicher Liebe.

Madhuvana – einer der zwölf Wälder im Gebiet von Vṛndāvana.

Madhvācārya (1239–1319 A. D.) – einer der vier Haupt-*ācāryas* des Vaiṣṇavatums in der Nachfolge der Brahma-sampradāya; stellte die Philosophie des *śuddha-dvaita*, des „reinen Dualismus“, auf. Beschreibt hauptsächlich drei Wesenheiten – den Höchsten Herrn, den *jīva* und die materielle Welt. Bekämpfte Śaṅkaras Unpersönlichkeitsphilosophie.

Madhyama-adhikārī – der Gottgeweihte auf der mittleren Stufe. *siehe auch: Kaniṣṭha-adhikārī; Uttama-adhikārī*

Mahā-bhāgavata – der Gottgeweihte ersten Ranges, der alles in Beziehung zum Höchsten Herrn sieht. *Siehe auch: Uttama-adhikārī*

Mahābhārata – „die Geschichte Indiens“; Werk Vyāsadevas für das Verständnis der Frauen, *śūdras* und *dvija-bandhus*, die so Zugang zum vedischen Wissen bekommen. Enthält die *Bhagavad-gītā* als „Zusammenfassung der Veden“.

Mahā-mantra – der große *mantra* zur Befreiung: Hare Kṛṣṇa, Hare Kṛṣṇa, Kṛṣṇa Kṛṣṇa, Hare Hare / Hare Rāma, Hare Rāma, Rāma Rāma, Hare Hare

Mahārāja – wörtl. „großer König“; 1. Titel der vedischen Weltherrscher und Könige. 2. Titel des Vaiṣṇava-*sannyāsī* in seiner Eigenschaft als Beherrscher oder „König“ der Sinne.

Mahārāja Parīkṣit – *Siehe:* Parīkṣit Mahārāja

Mahā-māyā – die äußere Kraft des Herrn.

Mahātmā – wörtl. „große Seele“; Geweihter Kṛṣṇas.

Mahā-Viṣṇu – der erste *puruṣa-avatāra*; auch bekannt als Kāraṇadakaśāyī Viṣṇu; vollständige Erweiterung Kṛṣṇas, liegt im Meer der Ursachen und erschafft und vernichtet mit jedem Aus-und Einatmen alle materiellen Universen.

Maṅgala-ārati – Tempelzeremonie vor Sonnenaufgang zur Begrüßung des Herrn, während der Weihrauch, Lampen,

Wasser, Tücher, Blumen, Wedel, Fächer und Muschelhorn zu musikalischer Begleitung (*kīrtana*) geopfert werden.

Mantra – Klangschwingung, die den Geist von Täuschung befreien kann.

Martya-loka – das mittlere, irdische Planetensystem.

Mathurā – Kṛṣṇas Erscheinungsort in der Nähe von Vṛndāvana, wohin Er zurückkehrte, nachdem Er Seine Spiele in Vṛndāvana beendet hatte.

Mathurā-pūri – „die Stadt Mathurā".

Mauna – selbstbetrügerische „Schweigeübung" der Māyāvādī-Philosophen.

Māyā – wörtl. „das, was nicht ist"; Täuschung oder Illusion; das Vergessen der Beziehung zu Kṛṣṇa.

Māyāvāda-Schule – Siehe: Māyāvādīs

Māyāvādīs – Unpersönlichkeitsphilosophen, die behaupten, der Herr könne keinen transzendentalen Körper haben und sei deshalb formlos.

Māyayāpahṛtha-jñāna – „diejenigen, deren Wissen durch Illusion gestohlen ist"; Bezeichnung für die materialistischen Wissenschaftler, Philosophen usw.

Mṛtyu-loka – (*mṛtyu* – Tod; *loka* – Ort) „der Ort des Todes"; die materielle Welt.

Mūḍha – „Esel"; Bezeichnung für den grob-materialistischen Menschen.

Mukti – Befreiung aus dem materiellen Dasein und (meist) Eingehen in das unpersönliche Brahman; Ziel der Unpersönlichkeitsphilosophen.

Mukti-kāmī – (*mukti* – Befreiung; *kāmī* – jmd., der begehrt) Mensch, der nach Erlösung strebt.

Nāma-saṅkīrtana – das gemeinsame Chanten der heiligen Namen des Herrn.

Nanda Mahārāja – Pflegevater Kṛṣṇas in Vṛndāvana.

Nārada Muni – Sohn Brahmās und ein großer Gottgeweihter;

auch als Weiser unter den Halbgöttern (*devarṣi*) und als „Raumfahrer" bekannt, da er ständig auf dem Luftweg von Ort zu Ort reist, predigt und mit seiner *vīṇā* die Herrlichkeit des Herrn lobpreist; spiritueller Meister Vyāsadevas, Prahlāda Mahārājas und vieler anderer großer Gottgeweihter.

Nārāyaṇa – (*nāra* – der Lebewesen; *ayaṇa* – Ruhestätte) „Ruhestätte aller Lebewesen" (nach der Vernichtung des Universums); Name Kṛṣṇas in Seinem Viṣṇu-Aspekt.

Narottama dāsa Ṭhākura – *ācārya* der Gauḍīya-Vaiṣṇava-sampradāya (Schüler von Kṛṣṇadāsa Kavirāja Gosvāmī, spiritueller Meister von Viśvanātha Cakravartī Ṭhākura), bekannt für seine Vaiṣṇava-Lieder in Bengali.

Nityānanda – (*nitya* – ewige; *ananda* – Glückseligkeit) Inkarnation Balarāmas, die vor etwa 500 Jahren in Rāḍhadeśa, Indien, als Bruder Caitanya Mahāprabhus erschien.

Nityānanda-vaṁśa – Klasse von Priestern, die behaupten, Nachkommen Nityānandas zu sein und einen Alleinanspruch auf die Ausübung und Verbreitung hingebungsvollen Dienstes erheben; auch als gosvāmī-Kaste bekannt.

Parabrahman – wörtl. „das höchste Brahman"; eine Bezeichnung für den Höchsten Herrn.

Paramahaṁsa – wörtl. „der höchste Schwan"; ein Gottgeweihter höchsten Ranges; die höchste Stufe des *sannyāsa*-Standes.

Paramātmā – wörtl. „die höchste Seele"; Bezeichnung für den Höchsten Herrn, der als Überseele im Herzen eines jeden weilt.

Paramparā – eine Kette spiritueller Meister, die zueinander in der Beziehung Meister-Schüler stehen.

Parā-prakṛti – (*parā* – transzendental; *prakṛti* – Natur, Kraft, Energie) die höhere Energie oder die Lebewesen. *Siehe auch: Aparā-prakṛti*

Parā-śakti – (*parā* – transzendental; *śakti* – Kraft); andere Bezeichnung für *parā-prakṛti*

Parīkṣit Mahārāja – Enkel der Pāṇḍavas; Weltherrscher nach

Yudhiṣṭhira Mahārāja; hörte von Śukadeva Gosvāmī das *Śrīmad-Bhāgavatam* sieben Tage lang bis zu seinem Tod und erreichte so die Vollkommenheit.

Patraka – einer der *anugas* oder Nachfolger (Diener) Kṛṣṇas in Vṛndāvana.

Prabhupāda – Titel der Vaiṣṇava-ācāryas, der sie als Vertreter des Höchsten Herrn kennzeichnet.

Prahlāda Mahārāja – (*prahlāda* – einer, der von Freude erfüllt ist) großer Gottgeweihter; als sein dämonischer Vater ihn zu töten versuchte, erschien Nṛsiṁha und vernichtete den Dämon.

Prākṛta-bhakta – materialistischer Gottgeweihter (*kaniṣṭha-adhikārī*).

Prākṛta-sahajiyā – Pseudo-Gottgeweihte, die eine weltliche Auffassung der Spiele Kṛṣṇas haben.

Prakṛti – „Natur, Kraft, Energie"; *Siehe: Aparā-prakṛti* und *Parā-prakṛti*

Prasāda – wörtl. „Barmherzigkeit"; Speise, die spiritualisiert ist, weil sie dem Herrn geopfert wurde.

Prāyaścitta – Buße für sündhafte Handlung.

Pṛthā – ein anderer Name Kuntīs.

Purāṇas – Aufzeichnungen geschichtlicher Ereignisse aus dem ganzen Universum in Beziehung zum Höchsten Herrn und Seinen Geweihten.

Puruṣa – „der Höchste Genießer"; Bezeichnung für den Höchsten Herrn.

Rādhā – (*rādhā* – eine, die verehrt) Kurzform von Rādhārāṇī.

Rādhā-kuṇḍa – Teich am Fuß des Govardhana-Hügels.

Rādhārāṇī – (*rādhā* – eine, die verehrt; *rāṇī* – Königin) die Haupt-*gopī*; die Verkörperung der inneren Freudenkraft Kṛṣṇas und damit Seine erste und höchste Geweihte.

Rāga-bhakti – hingebungsvoller Dienst in spontaner Liebe.

Rāgānugā-bhakti – spontanes Hingezogensein zu Kṛṣṇa,

während man mit einem starken Liebeswunsch völlig in Gedanken bei Ihm ist.

Raghunātha Bhaṭṭa Gosvāmī – einer der Sechs Gosvāmīs; Sohn Tapana Miśras. Lebte in Vṛndāvana unter der Obhut Rūpa Gosvāmīs, später am Rādhā-kuṇḍa. Bekannt dafür, daß er in den Vaiṣṇavas nie irgendwelche Fehler sah. Inkarnation der *gopī* Rāga-mañjarī.

Raghunātha dāsa Gosvāmī – einer der Sechs Gosvāmīs; wurde von Caitanya Mahāprabhu der Obhut Svarūpa Dāmodaras anvertraut und diente mit ihm Caitanya Mahāprabhu sechzehn Jahre lang. Blieb dann bis zu seinem Lebensende am Rādhā-kuṇḍa. Gründete in Vṛndāvana den Rādhā-Giridhārī-Tempel. Hauptwerke: *Stava-mālā* (*Stavāvalī*), *Dāna-carita* und *Muktācarita*. Inkarnation der *gopī* Rasa-mañjarī.

Raktaka – Oberhaupt der *anugas* oder Nachfolger (Diener) Kṛṣṇas in Vṛndāvana.

Rāma – „der Speicher aller Freude"; 1. Kurzform von Balarāma. 2. Kurzform von Rāmacandra.

Rāmacandra – (*rāma* – spirituelle Freude; *candra* – Mond) Inkarnation von Kṛṣṇas Erweiterung Vāsudeva im Tretā-yuga als vorbildlicher König; vernichtete den Dämon Rāvana. Beschreibung: *Rāmāyaṇa, SB.* 1.12.19; *SB.* 9.

Rasa – Wohlgeschmack, liebevolle Stimmung oder Haltung, die der Gottgeweihte in Beziehung zum Höchsten Herrn kostet.

Rāsa-līlā – Kṛṣṇas transzendentaler Liebestanz mit den *gopīs*.

Rati – eine der Dienerinnen (*mañjarīs*) Rādhārāṇīs.

Ṛg Veda – eine der vier ursprünglichen vedischen Schriften.

Rūpa eine der Dienerinnen (*mañjarīs*) Rādhārāṇīs.

Rūpa Gosvāmī – Oberhaupt der Sechs Gosvāmīs; jüngerer Bruder Sanātana Gosvāmīs. Gründete in Vṛndāvana den Rādhā-Govindajī-Tempel und verfaßte zahllose Vaiṣṇava-Schriften. Hauptwerke: *Bhakti-rasāmṛta-sindhu, Vidagdha-mādhava, Ujjvala-nīlamaṇi* und *Lalita-mādhava*. Inkarnation der *gopī* Rūpa-mañjarī.

Sādhana-bhakti – Regeln und Vorschriften im hingebungsvollen Dienst, um die natürliche Liebe zu Kṛṣṇa wiederzuerwecken.

Sādhu – Heiliger.

Sākara Mallika – früherer (mohammedanischer) Name Rūpa Gosvāmīs.

Sakhās – Kṛṣṇas reguläre Freunde, die Ihm alle möglichen Dienste leisten.

Sakhya(-rasa) – die ewige Beziehung als Freund des Höchsten Herrn.

Samādhi – Trance oder völlige Versenkung im Kṛṣṇa-Bewußtsein.

Sāma Veda – eine der vier ursprünglichen vedischen Schriften.

Sampatti-dāsa – „die Vollkommenheit des Lebens".

Sanaka – das Oberhaupt der vier Kumāras.

Sanātana – einer der vier Kumāras.

Sanātana Gosvāmī – einer der Sechs Gosvāmīs; der ältere Bruder Rūpa Gosvāmīs, berühmt wegen seiner außergewöhnlichen Demut und Bescheidenheit. Gründete in Vṛndāvana den Rādhā-Madana-mohana-Tempel und verfaßte zahllose Vaiṣṇava-Schriften. Hauptwerke: *Hari-bhakti-vilāsa, Bhāgavatāmṛta, Daśama-ṭippanī* und *Daśama-carita.* Inkarnation der *gopī* Rati-mañjarī (Labaṅga-mañjarī).

Sannyāsa – Leben in Entsagung; die vierte Ordnung im vedischen spirituellen Leben.

Sannyāsī – in Entsagung lebender Mönch.

Saṅkīrtana – das gemeinsame Chanten der heiligen Namen des Herrn in der Öffentlichkeit, der vorgeschriebene *yoga*-Vorgang für das gegenwärtige Zeitalter.

Śānta-rasa – Passive oder neutrale Beziehung zum Herrn.

Śāstras – offenbarte Schriften.

Satyabhāmā – eine der Hauptköniginnen Kṛṣṇas in Dvārakā.

Siddhi-kāmī – (*siddhi* – mystische Vollkommenheit; *kāmī* – jmd., der begehrt) Mensch, der nach mystischen Vollkommenheiten strebt.

Śravaṇa-daśā – die Stufe des Hörens im hingebungsvollen Dienst.

Śrīdāmā – einer von Kṛṣṇas *priya-sakhās* in Vṛndāvana.

Śrīmad-Bhāgavatam – auch als *Bhāgavata Purāṇa* bekannt; der 18000 Verse umfassende Kommentar Vyāsadevas zu seinen eigenen *Vedānta-sūtras;* die reife Frucht am Baum der vedischen Literatur, die vollständigste und autoritativste Darlegung vedischen Wissens.

Śruti – „Wissen, das man durch Hören erwirbt" (Bezeichnung für die Veden).

Śuddha-bhakti – die Tätigkeit der reinen Seele.

Sudāmā – einer von Kṛṣṇas *priya-sakhās* in Vṛndāvana.

Śūdra – Arbeiter; die vierte Klasse der vedischen Gesellschaft.

Śukadeva Gosvāmī – der Sohn Vyāsadevas, der das *Śrīmad-Bhāgavatam* schon im Leib seiner Mutter von seinem Vater hörte und es später Mahārāja Parīkṣit vortrug.

Suras – die Halbgötter oder Gottgeweihten; Gegensatz: *Asuras.*

Svarga-loka – das höhere, himmlische Planetensystem.

Tālavana – einer der Wälder im Gebiet um Vṛndāvana.

Tapasya – geregeltes und enthaltsames Leben zur Wiederbelebung des ursprünglichen Wissens.

Tapasvī – jmd., der sich in *tapasya* übt.

Taṭastha-śakti – die äußere Kraft des Herrn.

Tretā-yuga – *Siehe: Yuga(s)*

Tyāgī – jmd., der auf der Lebensstufe der Entsagung steht.

Upaniṣaden – 108 an der Zahl unter verschiedenen Namen (z.B. *Īśa Upaniṣad* oder *Īśopaniṣad*); Werke Vyāsadevas, die das Wesen der absoluten Wahrheit beschreiben.

Uttama-adhikārī – der Gottgeweihte auf der höchsten Stufe.
Siehe auch: Kaniṣṭha-adhikārī, Madhyama-adhikārī

Uttamā-bhakti – reine Hingabe an den Höchsten Herrn.

Vaikuṇṭha – (*vai* – ohne; *kuṇṭha* – Angst) „frei von aller Angst"; die spirituelle Welt.

Vaikuṇṭha-loka(s) – die Planeten im spirituellen Himmel.

Vaiṣṇava – ein Geweihter Viṣṇus, Kṛṣṇas.

Vaiṣṇava-sampradāya – eine der vier Schülernachfolgen der Vaiṣṇavas: 1. Brahma-sampradāya, bekannter als Madhva-sampradāya, Gauḍīya-Madhva-sampradāya oder Gauḍīya-Vaiṣṇava-sampradāya (von Brahmā ausgehend) 2. Rudra-sampradāya (von Śiva ausgehend), 3. Śrī-sampradāya (von Lakṣmī ausgehend) und 4. Kumāra-sampradāya (von den Kumāras ausgehend).

Vaiśyas – die Bauern und Kaufleute; die dritte Klasse der vedischen Gesellschaft.

Vānaprastha – das Leben in Zurückgezogenheit; die dritte Ordnung im vedischen spirituellen Leben.

Vasudeva – Kṛṣṇas „leiblicher" Vater.

Vāsudeva – 1. „der Sohn Vasudevas" (ein Name Kṛṣṇas). 2. eine der *viṣṇu-tattva*-Erweiterungen Kṛṣṇas.

Varāha – (*varāha*-Eber) Eber-Inkarnation; eine der *viṣṇu-tattva*-Erweiterungen Kṛṣṇas.

Varṇa – die vier tätigkeitsgemäßen Unterteilungen der Gesellschaft: die intellektuelle Klasse, die verwaltende Klasse, die kaufmännische Klasse und die arbeitende Klasse.

Varṇa-daśā – die Stufe des Annehmens im hingebungsvollen Dienst.

Varṇāśrama – das vedische Gesellschaftssystem der vier sozialen Schichten und vier spirituellen Ordnungen.

Vātsalya-rasa – ewige elterliche Beziehung zum Herrn.

Vedānta – *Siehe: Vedānta-sūtra*

Vedānta-sūtra – wörtl. „das Ende des Wissens"; von Vyāsadeva verfaßte vedische Schrift in Aphorismenform, die alles Wissen in knappster Form zusammenfaßt.

Veden – wörtl. „Wissen"; die ursprünglich offenbarten Schriften, die vom Herrn Selbst verkündet wurden.

Vidyā – transzendentales Wissen. Gegensatz: *Avidyā*

Virodha-yukta-krodha – Zorn aus Enttäuschung (zweite Erregung des Geistes).

Viṣṇu – wörtl. „der Alldurchdringende“; Erweiterung Kṛṣṇas mit vier oder mehr Armen in vielfältigen Aspekten.

Viṣṇu Purāṇa – eines der achtzehn *Purāṇas*.

Viṣṇu-tattva – Erweiterungen des ursprünglichen Persönlichen Gottes (Kṛṣṇa), die alle gleichermaßen Gott sind.

Viśuddha-sattva – die (spirituelle) Ebene reiner Tugend.

Vraja – Name für Vṛndāvana.

Vṛndāvana – wörtl. „der Wald Vṛndās“. 1. Goloka Vṛndāvana (Kṛṣṇa-loka): Kṛṣṇas persönliches Reich in der spirituellen Welt. 2. Gokula Vṛndāvana: Abbild Goloka Vṛndāvanas in der materiellen Welt, wenn Kṛṣṇa erscheint. Heute noch in Nordindien gelegen, etwa 145 Kilometer südöstlich von Neu Delhi.

Vṛndāvana-dhāma – wörtl. „das Reich von Vṛndāvana“.

Vyāsadeva – Inkarnation Kṛṣṇas; legte das bis vor 5 000 Jahren mündlich überlieferte vedische Wissen schriftlich nieder. Hauptwerke: die vier Veden, *Mahābhārata* (*Bhagavad-gītā*), *Vedānta-sūtra* und *Śrīmad-Bhāgavatam*.

Yajur Veda – eine der vier ursprünglichen vedischen Schriften.

Yaśodā – Kṛṣṇas Pflegemutter in Vṛndāvana.

Yoga – wörtl. „Verbindung“; Vorgang, sich mit Gott zu verbinden.

Yoga-āsanas – Sitzübungen zur Beherrschung des Geistes und der Sinne.

Yogī – jmd., der sich im *yoga* übt.

Yuga(s) – Zeitabschnitt im Universum. Die Dauer des materiellen Universums ist begrenzt; es manifestiert sich in periodisch wiederkehrenden *kalpas*. Ein *kalpa* entspricht einem Tag Brahmās oder 4 320 000 mal 1000 Jahren irdischer Zeitrechnung, denn ein Tag Brahmās dauert 1000 Zyklen der vier *yugas* Satya, Tretā, Dvāpara und Kali. Das Satya-yuga ist durch Tugend, Weisheit und Religiosität gekennzeichnet;

es herrscht so gut wie keine Unwissenheit und kein Laster. Dieses *yuga* dauert 1 728 000 Jahre; die Menschen leben 100 000 Jahre. Im Tretā-yuga nehmen Tugend und Religion zu 25 Prozent ab und es treten Laster auf. Dieses *yuga* dauert 1 296 000 Jahre; die Menschen leben 10 000 Jahre. Im Dvāpara-yuga nehmen die guten Eigenschaften zu 50 Prozent ab. Dieses *yuga* dauert 864 000 Jahre und die Menschen leben 1000 Jahre. Im Kali-yuga (das vor 5 000 Jahren begann) sind die guten Eigenschaften zu 75 Prozent geschwunden; Streit, Heuchelei, Unwissenheit usw. nehmen immer mehr zu. Dieses *yuga* dauert 432 000 Jahre. Die Menschen leben höchstens noch 100 Jahre.

ANLEITUNG ZUR AUSSPRACHE DES SANSKRIT

Vokale

अ a   आ ā   इ i   ई ī   उ u   ऊ ū   ऋ ṛ
ॠ ṝ   ऌ ḷ   ए e   ऐ ai   ओ o   औ au

Konsonanten

Gutturale:	क ka	ख kha	ग ga	घ gha	ङ ṅa
Palatale:	च ca	छ cha	ज ja	झ jha	ञ ña
Retroflexe:	ट ṭa	ठ ṭha	ड ḍa	ढ ḍha	ण ṇa
Dentale:	त ta	थ tha	द da	ध dha	न na
Labiale:	प pa	फ pha	ब ba	भ bha	म ma
Halbvokale:	य ya	र ra	ल la	व va	
Zischlaute:	श śa	ष ṣa	स sa		
Hauchlaute:	ह ha	Anusvāra: ं ṁ		Visarga: ः ḥ	

Zahlen

० - 0   १ - 1   २ - 2   ३ - 3   ४ - 4   ५ - 5   ६ - 6   ७ - 7   ८ - 8   ९ - 9

Nach einem Konsonanten werden die Vokale wie folgt geschrieben:

ा ā ि i ी ī ु u ू ū ृ ṛ ॄ ṝ े e ै ai ो o ौ au

Zum Beispiel: क ka का kā कि ki की kī कु ku कू kū
कृ kṛ कॄ kṝ कॢ kḷ के ke कै kai को ko कौ kau

Zwei oder mehr Konsonanten in Folge werden im Allgemeinen als sogenannte Ligaturen geschrieben, zum Beispiel: क्ष **kṣa** त्र **tra**

Der Vokal **a** ist automatisch in einem Konsonanten ohne Vokalzeichen mit eingeschlossen.

Das Zeichen Virāma (्) deutet das Fehlen eines abschließenden Vokals an: क्

Die Vokale werden wie folgt ausgesprochen:

a — wie das **a** in h**a**t
ā — wie das **a** in h**a**ben (doppelt so lang wie das kurze **a**)
ai — wie das **ei** in w**ei**se
au — wie das **au** in H**au**s
e — wie das **ay** in engl. w**ay**
i — wie das **i** in r**i**tten
ī — wie das **i** in B**i**bel (doppelt so lang wie das kurze **i**)
ḷ — wie **l** gefolgt von **ri**
o — wie das **o** in engl. g**o**
ṛ — wie das **ri** in **ri**nnen
ṝ — wie das **ri** in **rie**seln
u — wie das **u** in B**u**tter
ū — wie das **u** in H**u**t (doppelt so lang wie das kurze **u**)

Die Konsonanten werden wie folgt ausgesprochen:

Gutturale
(Kehllaute)
k — wie in **k**ann
kh — wie in E**ckh**art
g — wie in **g**eben
gh — wie in we**gh**olen
ṅ — wie in si**ng**en

Palatale
(die Zungenmitte wird gegen den Gaumen gepresst)
c — wie in **Tsch**eche
ch — wie im engl. Wort staun**ch-h**eart
j — wie in **Dsch**ungel
jh — wie im engl. Wort he**dgeh**og
ñ — wie in Ca**ny**on

Retroflexe
(die Zungenspitze wird gegen die vordere Region des harten Gaumens gepresst; die Wortbeispiele sind nur Annäherungen)
ṭ — wie in **t**önen
ṭh — wie in Sanf**th**eit
ḍ — wie in **d**ann
ḍh — wie in Sü**dh**älfte
ṇ — wie in **n**ähren

Dentale
(die Zungenspitze wird gegen die Zähne gepresst)
t — wie in **t**ief
th — wie in Sanf**th**eit
d — wie in **d**enken
dh — wie in Sü**dh**älfte
n — wie in **n**iedlich

Labiale
(Lippenlaute)
p — wie in **p**ressen
ph — wie im engl. Wort u**ph**ill
b — wie in **B**utter
bh — wie in Gro**bh**eit
m — wie in **M**ilch

Halbvokale
y — wie in **Y**oga
r — wie in **r**eden (Zungen-r)
l — wie in **l**ieben
v — wie in **V**ase

Zischlaute
ś — wie in **s**prechen
ṣ — wie in **sch**ön
s — wie in fa**s**ten

Hauchlaute
h — wie in **h**elfen

Visarga
ḥ — ein abschließender h-Laut: **aḥ** wird ausgesprochen wie **aha**, **iḥ** wie **ihi**

Anusvāra
ṁ — ein Nasallaut wie im franz. Wort bo**n**

Im Sanskrit gibt es weder starke Betonungen der Silben noch Pausen zwischen Wörtern in einer Zeile, sondern ein Fließen kurzer und langer Silben. Eine lange Silbe ist eine Silbe mit einem langen Vokal (**ā**, **ī**, **ū**, **e**, **ai**, **o**, **au**) oder eine Silbe mit einem kurzen Vokal, dem mehr als ein Konsonant folgt (auch *anusvāra* und *visarga*). Konsonanten mit nachfolgendem Hauchlaut (wie **kha** und **gha**) gelten als kurze Konsonanten.